杉山佳菜子 編

アイディア満載！

教育・保育実習サポートレシピ

指導案・あそび・うた の実践のコツ

福村出版

[JCOPY]〈出版者著作権管理機構 委託出版物〉
本書の無断複写は著作権法上での例外を除き禁じられています。複写される場合は、そのつど事前に、出版者著作権管理機構（電話 03-5244-5088、FAX 03-5244-5089、e-mail: info@jcopy.or.jp）の許諾を得てください。

はじめに

　私たち保育者養成校の教員は、学生のみなさんが実習を万全な状態で迎えられるように、また、現場に出てから困らないようにと日々さまざまな科目の中で現場に役立つ知識を教えています。しかし、授業で使ったすべてのノートやテキストを実習に持って行けるわけではありません。実際、実習園訪問をした際の学生の困りごとの相談に対し、「○○のテキストに書いてあるからみてごらん」とアドバイスしたところ、「テキストが重たいから大学に置いてある」と言われたこともあります。その学生の行動も問題なのですが、確かに実習の事前指導で使ったテキストは持ち運びしにくい大きさのものでしたし、楽譜や遊びの本など必要な本は他にもあり、すべてを持って実習に行くのは難しいかもしれないと思いました。

　そこで私たちは"これだけ持っていけば何とかなると思える、持ち運べるサイズの本がほしい"と思い、この本をつくりました。

　この本の特徴は、

- 実習の心得・指導案の書き方・遊び・歌の楽譜と普通はいくつかの参考書にまたがった内容を、ぎゅっと1冊にまとめてあります。
- 私たち養成校の教員の"こんな力をつけてほしいな"や、実習先の園の先生の"こんな指導をしてほしい"、先輩の"こんな勉強をしておけばよかった"を中心に内容を選んでいます。
- 実習のために準備する遊びなどは"いつでもできるもの"になりがちです。現場に出たときに困らないように、Part 2では季節を意識した指導ができるように情報をまとめました。
- 2017（平成29）年に「幼稚園教育要領」「保育所保育指針」、そして

「幼保連携型認定こども園教育・保育要領」の3法令が改定され、保育所保育指針では3歳未満の保育についても言及されました。それに合わせてPart 3では、とくに0歳児・1歳児・2歳児と気になる子の発達について詳しく解説し、発達に合った指導ができるようにまとめてあります。

この本は持ち運びにも便利なコンパクトサイズにしました。実習先でちょっと困ったときのヒントになるように、なるべくこの本1冊で実習の助けになるようにと、内容が盛りだくさんです。ですから、1つひとつの情報が物足りないと感じる人もいるかもしれません。もっと詳しく知りたいと感じた場合は、その分野の自分に合った本を参照してください。また、現場で役立つたくさんの情報も入れています。ぜひ、実習中だけでなく就職してからも参考にしてください。

2018年4月

編者　杉山佳菜子

目　次

はじめに　3

Part 1　指導案を書いてみよう

実習の心構え ………………………………………………… 10
1　実習の目的（10）　2　実習の心構え（12）

実習先でとまどうこと ……………………………………… 16
1　必要だと感じた能力（16）　2　困ったと感じたこと（21）
3　学んでおけばよかったと感じたこと（21）
●課題1・課題2（23）

実習までに準備すること …………………………………… 24
1　実習園への事前訪問について（24）　2　実習に向けて（27）
●実習前チェック表（29）

ステキな指導案の書き方 …………………………………… 31
1　0歳児の指導案（32）　2　1歳児の指導案（34）
3　2歳児の指導案（36）　4　3歳児の指導案（38）
5　4歳児の指導案（40）　6　5歳児の指導案（42）

◆コラム1　ICTを活用した保育（44）

Part 2　春夏秋冬から指導案を考えよう

春 …………………………………………………………………… 46
1　春の行事（46）　2　春の子どもの歌（47）
3　春の制作物（51）　4　春の遊び（53）
5　春の保育で気をつけること（54）

夏 ··· 56
 ① 夏の行事（56） ② 夏の子どもの歌（57）
 ③ 夏の制作物（61） ④ 夏の遊び（62）
 ⑤ 夏の保育で気をつけること（63）

秋 ··· 65
 ① 秋の行事（65） ② 秋の子どもの歌（66）
 ③ 秋の制作物（69） ④ 秋の遊び（70）
 ⑤ 秋の保育で気をつけること（71）

冬 ··· 73
 ① 冬の行事（73） ② 冬の子どもの歌（74）
 ③ 冬の制作物（77） ④ 冬の遊び（78）
 ⑤ 冬の保育で気をつけること（79）

◆コラム2　ピアノ初心者でも安心　ラクラク弾き歌い（81）
 まねっこあそびうた（へんしんあそび）／あたたかな（こもりうた）
 笑ってごきげん（手遊び）／ありがとう（リズムダンス）

Part 3　子どもの姿から指導案を考えよう

0 歳児の保育 ·· 88
 ① 身体の発達（88） ② 人間関係（90） ③ 言葉（90）
 ④ 身辺自立（92） ⑤ 認知（93） ⑥ 遊び（93）
 ⑦ 0 歳児の指導案（95）

1 歳児の保育 ·· 97
 ① 身体の発達（97） ② 人間関係（98） ③ 言葉（99）
 ④ 身辺自立（99） ⑤ 認知（101） ⑥ 遊び（102）
 ⑦ 1 歳児の指導案（103）

目 次

2歳児の保育 ………………………………………………… 105
1 身体の発達（105） 2 人間関係（106） 3 言葉（107）
4 身辺自立（109） 5 認知（110） 6 遊び（111）
7 2歳児の指導案（112）

3歳児以降の保育 ……………………………………………… 114
1 身体の発達（114） 2 人間関係（116） 3 言葉（117）
4 身辺自立（118） 5 認知（119） 6 遊び（120）
7 異年齢保育（3～5歳児）の指導案（122）

気になる子の保育 ……………………………………………… 124
1 身体の発達（124） 2 人間関係（125） 3 言葉（127）
4 身辺自立（128） 5 認知（129） 6 遊び（131）
7 気になる子の指導案（134）

◆コラム3　保護者とのかかわり方（136）

引用・参考文献　（137）

資　料　（138）
　幼稚園教育要領【目次】
　保育所保育指針【目次】
　幼保連携型認定こども園教育・保育要領【目次】
　全国保育士会倫理綱領

＊Part 2内の楽譜は、すべて簡易伴奏用に編曲してあります。

Part 1
指導案を書いてみよう

実習の心構え

> **ポイント**
> ・失敗を恐れるより、まずは何事にもチャレンジしましょう。
> ・学生ではなく社会人という意識で実習に臨みましょう。
> ・日ごろから礼儀やマナーを意識して生活をしましょう。

　実習に行くにあたって期待と不安が入り混じっていることと思います。不安に思うのはあたりまえのことです。大切なことは、不安に思うだけでなく、実習のイメージを具体的にもち、実習への心構えや準備を万全にしておくことです。

1 実習の目的

　第一に、実習園について知ることです。保育所や幼稚園、認定こども園など、各園にはそれぞれの役割があります。自分が実習を行う園にはどのような役割があるのかを学ぶことが、その園を理解することにつながります。また、例えば幼稚園でも園によって設備や一日の流れなどはさまざまです。自分の実習先について少しでも早く理解することが、スムーズに実習を行うことにつながります。

　第二に、保育者について知ることです。今までは漠然としかイメージ

できていなかった保育者の役割を、実践をとおして学ぶことができます。保育者の子どもたちへのかかわり方にはすべて意味があります。その意味を知ることで保育者の役割をさらに深く理解できることでしょう。また、保育者の仕事内容についても身近に見たり、実際に自分も携わったりしながら知ることができます。これらのことをしっかりと学ぶことで、将来自分が進みたい道がはっきりしてくるでしょう。

　第三に、子どもを知ることです。みなさんの中には子どもに対するイメージを「かわいい」「癒される」などと捉えている人もいるかもしれません。実習はそういった表面的なことではなく、子どもの行動の意味や友達、遊びへの興味などの内面的なことを知る機会になります。そして、子どもを知ることで、自分が実習生としてどのように行動すべきかがみえてくるはずです。子どもを理解し、子どもの思いに沿った行動ができるようになれば、一歩保育者に近づくことができたといえるでしょう。

　第四に、保育者としての自分を知ることです。保育者養成校の学生の多くは、「小さいころから子どもが好き」などの理由で保育者になることを目指しています。しかし、実習に行くと、なかなか子どもたちと仲良くなれなかったり、自分が思ったようなかかわり方ができなかったりすることが少なくありません。そんなとき「自分は保育者に向いていない」と短絡的に結論を出すのではなく、「自分に不足していたものは何であったのか」と考えてほしいと思います。将来保育者になるために、現在の自分に不足していることは何なのか、自分の課題を明確にすることが実習です。そして、その課題をそのままにしておくのではなく、今後の自分の生活や大学での授業、次の実習などをとおして解決するように努めることが大切です。

　第五に、大学での学びを実践することです。実習はこれまでに修得してきた知識を実際の子どもの姿と照らし合わせたり、子どもたちを前に実践してみたりするよい機会です。そして、実践したことで出てきた疑

問点などを、大学に戻ってからの学修につなげていくことで自分の学びをさらに深めることができます。

❷ 実習の心構え

実習現場では、職員の方々や保護者・子どもたちから「先生」という立場でみられます。社会人としての常識や行動が求められ、実習の際の身だしなみやマナーなどはしっかり守って臨むことが期待されます。

▶ 誠実で熱心な姿勢で取り組みましょう

実習現場の保育者は日々忙しい中、「後輩を育てる」という熱意と使命感で実習生を受け入れています。ですから、実習生にも保育を熱心に学ぼうとする姿勢や、子どもたちや保護者、保育者に対する誠実な姿勢が求められます。

▶ 社会人としての常識・礼儀・謙虚な姿勢を大切にしましょう

【挨拶】
・実習生から先に、明るくはっきりと時刻に適した挨拶をしましょう。
・帰るときも必ず「ありがとうございました」「失礼します」と声をかけてから帰るように気をつけましょう。
・保育者、保護者だけでなく、実習現場に出入りしている地域の人、業者の人にも挨拶をするように心がけましょう。

【言葉遣い】
・友達同士のラフな話し言葉（超〜、マジで、やばいなど）を使わないようにしましょう。
・目上の方には敬語を使いましょう。
・子どもの名前を呼び捨てで呼ばないようにしましょう。

【時間厳守】

・実習事前訪問の時間、実習の開始時間、実習中の休憩時間、日誌の提出時間など、実習先の実習担当者から指示された時間を守りましょう。

・指示された時間に遅れそうな場合は、遅れる理由とどのくらい遅れるのかを連絡しましょう。

【連絡・報告】

・子どもや利用者のこと、保護者とのかかわり、園内の環境や備品など、できごとや気づいたことはどんなことでも実習担当保育者に連絡・報告しましょう。

【身だしなみ】

・髪は自然な色にし、長い場合は結んだりピンで留めたりして、目やフェイスラインが隠れないようにしましょう(ピンは危険を伴わないデザインのものにしましょう)。

・カラーコンタクトやつけまつげなどは不適切です。清潔感のあるナチュラルメイクにしましょう。爪はネイルアートはせず、短く切っておきます。指輪、ピアス、ネックレスなどのアクセサリーも不要です。

・服は清潔感があるものを着用します。ノースリーブ、ショートパンツ、胸元が大きく開いた服、下着が見えるような服は不適切です。園によってはジャージが禁止のところもあるので、実習事前訪問で服装を確認しておくようにしましょう。

・ポケットに入れる筆記用具などにも安全面の配慮をしましょう。

・実習中は携帯電話やスマートフォンを携行・使用しません。

・ハンカチ、ティッシュを携行するなど、清潔感に留意しましょう。

【ふるまい】
　実習生のふるまいは子どもたちのモデルになります。また、何かあったときに素早く動けるような体勢も必要です。脱いだ靴をそろえる、机に肘をつかない、あぐらをかかない、べたっと床に座り込まない、ポケットに手を入れないなど日常的な動作に気をつけましょう。

【守秘義務】
　実習中、子どもの成育歴や発達の状況に関する情報、保護者に関する情報など、多くの個人情報を知ると思います。また、実習の思い出として、子どもたちと写真撮影をすることもあるかもしれません。それらの個人情報や写真は、絶対に外部に漏らしてはいけません。そのことによって、実習中止になったり、次年度以降の実習が受け入れられなかったり、場合によっては子どもや保護者に危険が生じたり、個人情報漏洩(ろうえい)による裁判になることもあります。逆に、自分の個人情報も子どもや保護者に教えないようにしましょう。こういった軽はずみな行動が、実習園と保護者、実習園と養成校などの関係を壊すことにつながります。

⚠️守秘義務違反になる絶対にしてはいけないこと
・子どもや日誌の写真をSNSなどに掲載すること
・SNSなどで実習園の不満を「園名」や「名前」を入れて中傷すること
・実習でのできごとについて個人名を入れてSNSに書き込むこと
・子どもの実名を出しながら、その子や家族の話を友達や自分の家族とすること

▶ 積極的な行動を心がけましょう

　実習中、どのように動くべきなのかわからず、動けなくなったり消極的になったりすることがあります。保育者に質問したり、「お手伝いします」と自分から声をかけて動いたりしましょう。ただ実習期間が長くなってきたら、いつも尋ねてから動くのではなく、自分から気づいて行

動できるようになるといいですね。

▶ 養成校の代表として実習するという意識で臨みましょう

　実習は、養成校からの依頼で引き受けていただいています。自分の実習先は、先輩が就職されているところ、同級生が就職する可能性があるところ、後輩が実習でお世話になる可能性があるところということを意識して実習に臨まなければいけません。自分だけが実習でかかわっている園であるという意識ではなく、養成校の代表として養成校名を背負って実習をしているということを自覚して実習に取り組みましょう。

▶ わからないことは必ず確認しましょう

　実習中のわからないことは、勝手に判断せずに必ず担当者に確認しましょう。自分勝手な判断で子どもの安全や健康が損なわれることもあります。実習生なのでわからないことがあって当然という気持ちで、遠慮せずに聞くようにしましょう。

▶ 健康管理に留意しましょう

　実習では、笑顔ではつらつと子どもとかかわることが求められます。体調を崩したり感染症にかかったりすると、実習先にも迷惑をかけることになります。

　実習中は日々の緊張や不慣れなこと、睡眠不足などで体調を崩しやすくなります。日ごろから、バランスのとれた食事をし、体力をつけ、規則正しい生活を送るように心がけましょう。

実習先でとまどうこと

ポイント
- 遊びのレパートリーはたくさん身につけておきましょう。
- 発達に合うかかわり方を考える力を身につけておきましょう。
- 臨機応変に動けるように、基礎知識を身につけておきましょう。

　ここでは、先輩たちが実習（保育所）に行った後に回答したアンケートの結果を紹介します。アンケートに答えてくれたのは、保育者養成の短期大学部2年生です。このアンケートは保育所と施設、幼稚園教育実習Ⅰの3回の実習を経験した後に行った実習での感想です。つまり、養成校での学修を半分以上終え、またある程度現場での体験を積んだ人たち、ということになります。先輩たちの感想をもとに、どのような知識や技術を習得しておく必要があるのか、また実習に向けてどのような準備をしておく必要があるのか考えてみてください。

1　必要だと感じた能力

　実習に行って、自分にどのような能力が必要だと感じたのでしょうか。「実習先での体験をとおして、自分にどのような能力が必要だと感じましたか」という質問を音楽の場面、運動の場面、制作の場面の主に"表

現"に関係する3つの場面それぞれについて聞き、回答を分類しました。

その結果、ピアノの技術や身体の動かし方、手先の器用さなどの「技術」、歌や遊びの種類などの「知識」、説明の仕方や見本の見せ方などの「伝え方」、経験不足や体力不足などの「経験・準備」の大きく4つに分類することができました。分類した結果をみてみると、音楽活動では技術面での能力、運動活動では経験・準備に伴う能力、制作活動では知識や伝え方の能力が必要だったと感じていることがわかりました。

もう少し詳しくみてみましょう。

表1-1は音楽場面の回答の一部です。保育者を目指すようになってからピアノを弾きはじめる人がいることもあり、先輩たちもピアノで苦戦したようです。また、弾くだけでは不十分で、同時に"歌う"ことはもちろん、"子どもに合わせる"こ

とや"楽しそうに"という雰囲気づくりも求められます。ピアノや歌は園生活のさまざまな場面で使います。余裕をもってできるように、十分練習しておく必要があるでしょう。

運動の場面で最も多かった回答は、「運動不足を痛感した」というものでした（表1-2）。普段から適度な運動と規則正しい生活を心がけましょう。また、クラスの雰囲気や子どもたちの姿に合わせて活動を考える必要がありますから、遊びのレパートリーもたくさん用意しておく必要があります。事前に流行（はや）っている遊びをチェックしておくとともに、年齢ごとや活発なクラスなら、おとなしいクラスなら、といくつか案を用意して実習に臨んでください。

制作の場面では、「アイディア不足」「説明がうまくできなかった」と

いう回答が多くみられました（表1-3）。運動の場面と同じで、いくつかのアイディアを用意しておく必要があります。参考になる本もたくさん出版されていますが、普段から季節を意識し、"こんなふうに遊んだら楽しそう"とイメージしておくとよいでしょう。また、手先や認知の発達についてしっかり覚えておくことも必要です。

表1-1 音楽的な活動場面で必要だと思った能力の代表的な回答

技術	ピアノのスキル・初見でも弾けること
	子どもに合わせてピアノを弾くこと
	大きい声で子どもの手本になるように歌うこと
	ピアノの弾き歌い
	リズム遊びでピアノが弾ける能力
	歌がうまく歌えること
	子どもたちを見ながらスムーズにピアノを弾くこと
	子どもの前でピアノを弾けること
	楽しく歌うことができる、手遊びを使った歌をはっきり歌えるすること
知識	ピアノを使った短い遊びのレパートリーを増やすこと
	もっと子どもたちが知っている流行の曲を聞き、勉強すること
	歌える歌のレパートリーを増やすこと
	園でやっている体操の歌を覚えること
伝え方	歌をうたいながらも歌詞を子どもたちがわかるように声をかけること
	盛り上げ方
	いきなり音楽に入るのではなく、手遊びなどをしてからすること
	楽器の教え方を工夫すること
経験・準備	歌詞をしっかり覚えること
	手遊びなど人前で行うとなかなか緊張してできないので、自信をもってできるようにすること
	もっと子どもの曲を知って練習しておくこと
その他	保育者と一緒に楽しく行うこと
	大げさなくらいに体を動かす（堂々と）こと
	わからない曲でも手拍子をするなど子どもたちと楽しむこと
	リトミックをする際、安全面を自分が想像する以上に考え、配慮すること

表1-2　運動的な活動場面で必要だと思った能力の代表的な回答

技術	子どもたち全体を見る能力、様子に合わせて展開する能力
	子どもたちと一緒に走りまわり、遊びを展開していく能力
	子どもを落ち着かせる方法
	子どもに合わせた動き（歩幅・速さなど）をする力
	運動の補助の仕方
知識	遊びのレパートリー
	ボール遊びのレパートリー
	体操のレパートリー
	子どもに合った遊びを考える力
	子どもの発達段階をもっと理解すること
伝え方	上手に動かす声かけ、まとめる力
	子どもがもっと興味がもてるように活動すること
	ルールの説明の仕方（伝え方・お手本の見せ方）
	楽しんでいる姿の見せ方
	一人ひとりの発達に合わせた遊びの教え方
	ほめ方とがんばれるような声かけの仕方
経験・準備	いざというときにパッと動けるような能力
	運動不足を解消しておくこと
	体をいつ何時でも使えるよう準備しておくこと
	子どもの体力についていける体力
	スタミナをもっとつけること
	保育者の見本を見ながらしかできなかったので、動きをしっかり事前に覚えておくこと
	安全に行えるように配慮すること
その他	子どもたち全員が楽しめるような運動活動を取り入れる工夫
	散歩の際の安全面の配慮・楽しみ方

表1-3　制作的な活動場面で必要だと思った能力の代表的な回答

技術	子どもが何をしているか広くみる視野をもつこと
	子どもたちが伸び伸びできるように環境をつくる能力
	センス
	器用さ
	絵が上手に書けること
	道具の使い方を援助する力
知識	発達に合った制作活動を知ること
	活動のアイディア
	折り紙
	季節に合った作品づくりを提案する能力
伝え方	制作の手順などを子どもたちにわかりやすい言葉で伝える力
	道具の使い方を説明する力
	活動をがんばれるような言葉がけの工夫をすること
	子どもたちにわかりやすいように伝える能力（見本・手順表）
	活動の進め方の工夫
	分量や程度の説明の仕方
	一人ひとりの様子を見て進めていく力
	のりなどをしまうタイミングを考えること
経験・準備	安全に行えるように細かい計画を立てること
	年齢段階に合った制作活動の準備（紙の大きさ・パーツなど）
	活動することをあらかじめ準備し、説明しながら行うこと
	スムーズに子どもが制作物をつくれるように、前もって子どものことをよく考えておく配慮
その他	子どもたち全員と積極的に話したり、制作すること
	子どもたちの豊かな想像力をありのままに受け入れること
	集団で行うときにそれぞれのグループの差に対応すること
	集中力
	子どもの数、名前を把握しておくこと
	ていねいに制作をしていくこと

2 困ったと感じたこと

　先輩たちが困ったと感じたことを、円グラフにまとめました（図1-1）。最も多くの先輩たちが困った場面は、「ケンカ・トラブルの対処」です。次に多かったのは「かかわり方」です。とくに低年齢を担当した先輩たちは、どう接してよいかがわからなかったようです。また「注意するとき」「泣いたとき」にどこまで、どのように援助するのがよいかが難しいようです。これらはケースバイケースの対応が求められますが、ここで重要なことは、一般的にどうしたらよいかを知っているかどうかです。それでうまくいかないことも多いですが、まずはしっかり基礎知識をもって実習に臨むことです。そのうえで園の保育者の方々の対応を見て、場面ごとにどうしたらよいかとしっかり学んできましょう。

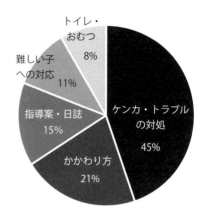

図1-1　実習中に困ったと感じたこと

　また、日誌や指導案の書き方が学校で習得したものと違ったことにも困惑したという感想があげられていました。学校で教えていることは基本的なことのみです。そのような場合は、指導してくださる園の方針や保育者の指示に従いましょう。

3 学んでおけばよかったと感じたこと

　最後は、先輩たちが学んでおけばよかったと感じたことです（図1-2）。

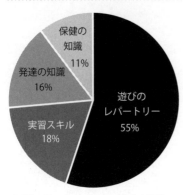

図1-2　もっと学んでおけば
　　　　よかったと思うこと

必要だと感じたことでもあげられていた、遊びのレパートリーをあげている人がとくに多いです。授業でいろいろな遊びを教えてもらうかと思いますが、いざというときに使えなければ意味がありません。また、子どもたちに「○○かいて！」「○○つくって！」とリクエストされることもあります。部分実習のネタだけでなく、自由遊びの時間に使える遊びについても考えておきましょう。

その他、「月齢（年齢）ごとにできること」「子どもの姿」といった発達的視点の知識が不足していたと感じた先輩もいます。保育所保育指針にも発達の様子は書かれていますし、それぞれの授業の中で解説されている

はずです。もう一度しっかり見直して実習に臨みましょう。とくに、保育所の実習では乳児とかかわる機会もあるはずです。「自分は子どもと上手にかかわれる！」と思っている人も、"赤ちゃん"はどうでしょうか。月齢の低い子どもについてもしっかり理解しておいてください。

また、実習ではイレギュラーな事態もたくさん起こってしまいます。その1つが、子どもたちのケガや体調不良です。先輩たちも、そうした場面に遭遇して初めて、もっと知識が必要だということに気づくようです。病気の知識をもっておくだけでなく、子どもたちの普段の様子をしっかり観察し、"いつもと違う"表情や動きを見極める力も求められています。

先輩たちの実習の振り返りをみて、いかがでしょうか。自分の課題は見つかりましたか。実習では、どれだけ準備をしても万全というわけにはいかないと思いますが、自分なりにしっかりと準備をして、普段の学びや自分の力を十分に出し切ってきましょう。

課題 1

実習先で自分はどんな活動ができるか、年齢ごとに次のような表をつくってみましょう。

年齢	おはなし	手遊び・歌	遊び・活動
0歳児に			
1歳児に			
2歳児に			
3歳児に			
4歳児に			
5歳児に			

課題 2

表中で埋まらなかったマスがある人は、自信をもってできるものを考え、練習しておきましょう。また、全部埋められた人も最低3つは自信をもってできる活動や手遊びをそれぞれの年齢で用意しておきましょう。

実習までに準備すること

ポイント
- 教材や指導案は複数準備しておきましょう。
- 自分の日常的な生活技術や生活習慣を振り返りましょう。
- 実習での目的を具体的にしっかりと立てましょう。

　ここでは、実習までに準備をしておくことをさまざまな視点から具体的に考えたいと思います。実習前には p.29～30 のチェック表を使って、自分が準備できているかどうかを確認してください。しっかりと準備をしておくことで、実習での不安な気持ちが軽減され、楽しみが大きくなることでしょう。

1　実習園への事前訪問について

　事前訪問(オリエンテーション)とは、実習生が実習園を訪問し、実習に備えて準備しておくことについて確認する機会のことです。また、実習園の雰囲気や地域の様子、子どもや保育者の様子などを知ることもできます。学生のみなさんが実習園のことを知るとともに、実習園側にとってもどのような実習生が来るのかを把握し、受け入れ準備をすることにもつながります。つまり、みなさんの第一印象をみてもらう機会に

なるので、実習初日と考え、緊張感をもって訪問しましょう。

▶ **日時の設定**

　養成校で指定された期間に、実習生自身が実習先に電話をして、事前訪問のお願いと日程の相談をします。複数人で実習を行う場合は、事前に互いの予定を確認して代表者が電話をします。ていねいな言葉遣いや明るい声で電話することを心がけましょう。

電話のかけ方（例）

① 「こんにちは。○○大学□年の△△と申します。」
　★（大学名、学年、名前）自己紹介をします。

② 「本日は、実習のオリエンテーションの件でお電話いたしました。園長先生はいらっしゃいますか。」
　★実習の事前訪問をお願いしたいという用件を伝え、園長先生がいらっしゃるかどうかを尋ねます。

③ 「こんにちは。○○大学□年の△△と申します。この度は実習を受け入れていただきありがとうございます。○月○日から始まる実習のオリエンテーションをお願いしたいのですが、いつそちらにおうかがいしたらよろしいでしょうか。」
　★園長先生が出られたら、再度自己紹介をし、実習を受け入れてくださったお礼を述べます。そして、事前訪問のお願いをし、日程を尋ねます。

④ 「それでは、○月○日○時におうかがいしたいと思います。本日は、お忙しいところありがとうございました。どうぞよろしくお願いいたします。失礼いたします。」
　★アポイントメントがとれたら、お礼を言って先方が電話を切ってか

ら電話を切ります。

※園長先生が不在の場合、後日再度電話をします。そのときはいつ電話をするかも約束しておきます。

▶ 事前訪問で確認する内容

①実習園の教育・保育方針・特色

　園の概要、教育・保育方針、保育内容、保育環境、園児数、職員数、クラス編成、保育の様子や流れ

②実習生の保育へのかかわり方

　担当クラス、実習の予定（観察、部分、責任など）、園行事や保育の予定、その他諸注意

③実習中の注意事項

　勤務時間、保育中の服装、持ち物、給食費など

④その他日誌に書き込む事項で聞いておくべきこと

▶ 事前訪問時の持ち物・注意事項

①持ち物

　筆記用具、メモ用紙、実習日誌、上履き、園に提出する書類

②注意事項

・当日はスーツを着用し、アクセサリーは外します。実習生らしい髪型と髪の色、お化粧をするときはナチュラルメイクにします。

・実習園に行くまでの公共の交通手段、道順、時間を確認しておきます。余裕をもって到着できるように、事前に調べておくようにします。万が一、交通手段の遅延などで遅れる場合は必ず連絡をしましょう。

・明るい表情ではきはきと挨拶し、言葉遣いに気をつけましょう。

- 園に確認する内容は、あらかじめメモをとっておき、聞き漏らすことのないようにしておきましょう。わからない点は質問したり、確認したい点は復唱したりします。
- 担当クラスについては希望を尋ねていただける場合もあるので、担当を希望する年齢などをあらかじめ考えておきましょう。

▶ 事前訪問終了後

- 実習園の概要や実習にあたっての諸注意などを、実習日誌の所定の箇所に記録しましょう。
- 実習担当者に報告書を提出するなど事前訪問終了の報告をしましょう。
- 事前訪問時のオリエンテーションの内容を踏まえ、実習課題・実習計画・教材などの準備を進めます。

2 実習に向けて

▶ 子どもの発達に関する事前学習

- 事前訪問で担当年齢が決まった際には、必ず子どもの発達や成長に関する事前学習を深めておきましょう。幼稚園教育要領、保育所保育指針、認定こども園教育・保育要領などにも目をとおしておきます。
- 実習時期によって子どもの姿は変化するため、その時期の子どもたちの様子やどのようなことができるのかについて、テキストや資料などを読みながら知識を増やし、実習に備えることが必要です。

▶ 教材準備および教材研究

- 自己紹介は、良好な人間関係を築く最初の一歩です。子どもたちへの自己紹介は、わかりやすい言葉で親しみをもってもらえるような内容のものを考えておきましょう。視覚でわかりやすく印象に残る絵カー

ドやペープサートなどの教材をつくったり、指
　　人形を準備したりしておくとよりよいでしょう。
・実習で活用する保育教材は、各自が実習前に必
　　ず準備しておきましょう。とくに、部分実習や
　　責任実習をする担当の年齢に合わせた教材を選
　　んで、積極的に教材研究を準備しておきましょ
　う。考えておいた教材が実際の子どもたちの発達に合わなかったり、
　担任の先生が最近実践したものであったりということもあります。複
　数考えておくことが必要です。
・準備した教材は、イメージを膨らませて練習しておくとよいでしょう。
　また、紙芝居や絵本を借りたり、複数の手遊びなどを各自確認して実
　演したりしておきましょう。

▶ 実習の課題

・実習の期間は限られています。何も考えずに取り組んでいては、自分
　の中に何も残りません。「この実習では何を学びたいのか」「何に視点
　をおいて観るのか」など具体的な課題を立てて実習に臨みましょう。
　また、実習の回数を重ねていくと、前回の実習での反省が次の実習で
　の新たな課題となります。1つずつ解決しながら、実習での学びを積
　み上げていきましょう。

▶ その他

・数日前から生活リズムを整えて、万全な健康状態にしておきましょう。
　髪の色や髪型などを整え、実習生としてふさわしい身なりにしておき
　ましょう。
・オリエンテーションで聞いた園の概要や教育・保育方針、持ち物を再
　度確認しておきましょう。

実習前チェック表

実習前の学び

- ☐ 幼稚園教育要領、保育所保育指針、認定こども園教育・保育要領は読み直しましたか。
- ☐ 子どもの発達の様子についてテキストなどで復習しましたか。
- ☐ 自分が指導する内容をいくつか考えてありますか。
- ☐ すぐできる手遊びがいくつかありますか。
- ☐ 絵本、紙芝居、その他手づくり教材などを準備し、練習してありますか。
- ☐ ピアノ伴奏の練習はしてありますか。
- ☐ オリエンテーションでの諸注意を確認し、実習初日に困らないようにしてありますか。
- ☐ 実習園の概要や連絡先、交通経路や通勤にかかる時間は確認してありますか。
- ☐ 実習期間や日数、実習日の予定は確認してありますか。
- ☐ 実習前から早寝・早起き・規則正しい食事などに留意し、健康管理に努めていますか。
- ☐ 欠席、遅刻、早退の対応は確認してありますか。
- ☐ 巡回担当の教員、学校の連絡先を確認してありますか。

持ち物

- ☐ 実習日誌（必要事項は記入を済ませている）
- ☐ 筆記用具（メモ用の安全なものを含む）
- ☐ メモ帳
- ☐ 出欠票用の印鑑（認め印）
- ☐ 上履き
- ☐ 保育用の外履き（脱ぎ履きしやすいもの）
- ☐ エプロン、三角巾、マスク（必要な場合）
- ☐ 給食費（必要な場合）
- ☐ ハンカチ、ティッシュ
- ☐ 名札
- ☐ 教材（準備してある場合）
- ☐ 絵本、紙芝居（準備してある場合）
- ☐ 楽譜（準備してある場合）
- ☐ 上記以外で実習先から指定された持ち物

身支度・身だしなみ

- ☐ 爪は切ってありますか。
- ☐ 自然なメイク（あるいはノーメイク）ですか。
- ☐ カラーコンタクトはしていないですか。
- ☐ 自然な髪の色ですか。
- ☐ 清潔な髪型ですか。また、長い髪はまとめてあり、前髪は垂らしていないですか。
- ☐ アクセサリーはつけていないですか。

ステキな指導案の書き方

ポイント
- 活動の内容は、子どもの年齢に合っているか事前に必ず考えましょう。
- 子どもに人気の遊びや歌、絵本を事前に調べ計画を立てましょう。
- 子どもや保育者の活動がイメージできる指導案を作成しましょう。

　ここでは、0～5歳児の年齢別にステキな指導案を書くポイントを紹介します。

　指導案は、各都道府県や市町村によって書式が異なります。また、実習先や指導担当によって書き方も違います。これから紹介する指導案どおりに真似をして書いても、書き直しの指導があるかもしれませんが、指導案作成に苦しんでいる人は参考にしてください。

　担当する子どもの様子を十分理解したうえで、あなたらしさが伝わるステキな指導案に仕上げましょう。

0歳児の指導案

【例：部分実習・時案】

0歳児あひる組	16名 (男児8名／女児8名)	大学	さくら大学
期日	平成●年●月●日(●)	実習生名前	春野　さくら
<u>立案の際参考となる子どもの姿</u> ←ココ① ・ふれあい遊びを楽しんでいる。 ・歌に興味をもっている。		<u>ねらい</u> ・保育者と一緒にふれあい遊びを楽しむ。	
<u>活動設定の理由</u> ・歌に合わせてふれあい遊びをすることで、人とふれあう楽しさやリズムに乗る楽しさを体感させる。		<u>中心となる活動</u> ←ココ② ・保育者の歌に合わせてふれあい遊びをする。	

時間	環境構成	予想される子どもの活動 ←ココ③	保育者の援助・留意点
10:00 10:15	・一人で座れる子は、保育者と向かい合って座る。座れない子は、スウィングや椅子に座らせ保育者と向かい合うか、膝の上で向かい合って座る。 （座った場合） 子ども ☺　☺ ○ 保育者 （寝かせた場合） 子ども （図） ○ 保育者	○ふれあい遊び「ぶんぶんぶん」(作詞：村野四郎・ボヘミア民謡)を楽しむ。 ・保育者と歌に合わせて顔や手足を指でツンツンタッチしながらふれあう。 ・一人でできる子は、横にいる子とツンツンしあう。一人でできない子は、保育者にしてもらう。	・子どもが倒れて頭をぶつけないようマットを敷く。 ・一人でできる子は、倒れないように見守る。また、一人でできない子は、寝かせたままにしたり、膝の上に座らせる。 ・楽しんでいるか子どもの様子を見ながらタッチを一緒に楽しむ。 ・「ぶんぶんぶん」の歌に合わせてふれあう。見ているだけの子には、「○○ちゃんツンツンだよ～」と声をかけながら遊びを促す。

「ココ」解説：3つの「ココ」について解説します！

▶ ココ①

「立案の際参考となる子どもの姿」とありますが……

→例のように、日ごろ見られる子どもの姿（何に興味をもち、どのような活動が好きか）をしっかり観察をして書きましょう。

▶ ココ②

「中心となる活動」とありますが……

→例のように、子どもたちに体験させたい活動や学んでほしいことなど、メインとなる活動を具体的に書きましょう。また、遊びの名前や曲名を書き加えておくと、読む人にも分かりやすいですね。

▶ ココ③

「予想される子どもの活動」とありますが……

→子どもによって、遊びをする子、やらない子などいろんな子どもがいます。無理に一緒に遊ばせようとするような記述をするのではなく、子どもの性格は一人ひとり違いますから、例のように子ども一人ひとりの反応に合わせたかかわりをするということが読み取れるような内容を書きましょう。

2　1歳児の指導案

【例：部分実習・時案】

1歳児うさぎ組	17名 （男児8名／女児9名）	大学	ひまわり大学
期日	平成●年●月●日（●）	実習生名前	夏野　ひまわり
立案の際参考となる子どもの姿 ・歌や手遊びを楽しんでいる。 ・繰り返し言葉に興味をもっている。 ・絵本に触れたり、ページめくりを楽しんでいる。		ねらい ・保育者と一緒に絵本に出てくる繰り返し言葉を楽しむ。	
活動設定の理由 ・絵本をとおして、言葉に興味がもてるように読み聞かせを行う。		中心となる活動 ・絵本「くっついた」（著者：三浦太郎）を読み聞かせする。	

時間	環境構成	予想される子どもの活動	保育者の援助・留意点
10：00	↑手洗い場　↑タオル掛け ・タオルをふきやすい位置に設置する。 ・子どもたちを見渡せる位置に立て膝で座る。 保育者 楕円：園児席 ・簡単な繰り返し言葉で、リズムのある絵本を用意する。 ココ④	○手洗いをする ・手を洗う ・手をふく ・椅子に座る ○手遊び「こぶたぬきつねこ」（作詞・作曲：山本直純）をする。 ・保育者の真似をする。やる子とやらない子がいる。 ○絵本「くっついた」を見る。	・保育者も一緒に手洗いを習慣づける。 ・手に石鹸をつけてあげて、「ばい菌をやっつけようね」「ゴシゴシしっかり洗おうね」と声かけをする。 ・タオル掛けのところで、しっかりと手をふいているか見守る。ココ① ・「ここに座ろうね」と声をかけ、座るように促す。 ・笑顔で楽しく手遊びを行い、子どもの興味をひく。ココ② ・子どもが見やすい位置に座り、話を楽しめるよう抑揚をつけて読む。ココ③
10：40			

「ココ」解説：4つの「ココ」について解説します！

▶ ココ①

「タオル掛けのところで、しっかりと手をふいているか見守る」とありますが……

→例文をさらに詳しく、「泡が手に残っていないか、しっかりふけているか一人ひとりの子どもの手を確認する」というふうに書くとていねいさが伝わります。

▶ ココ②

「笑顔で楽しく手遊びを行い、子どもの興味をひく」とありますが……

→ココ①と同じように、例文だけでなく「子どもたちが興味をもてるよう、初めはゆっくりと楽しそうに大きな動きで手遊びを見せる」というふうに伝え方を具体的に書くとていねいな指導につながるでしょう。

▶ ココ③

「話を楽しめるよう抑揚をつけて読む」とありますが……

→例にあげた絵本のように繰り返しのある簡単な言葉に興味がもてるよう、音やリズムを大切に読むことを心がけると楽しさが倍増するでしょう。「抑揚をつけて」という言葉は必ず入れておきましょう。

▶ ココ④

→環境構成欄には、配置図や説明だけでなく、どのような絵本を選んだか理由を書いておくのもよいでしょう。この例文の中には絵本のタイトルが書かれていませんが、「環境構成」か「予想される子どもの活動」のどちらからには必ず書いておきましょう。

3　2歳児の指導案

【例：部分実習・時案】

2歳児ひまわり組	合計15名 （男児9名／女児6名）	大学	もみじ大学
期日	平成●年●月●日（●）	実習生名前	秋野　もみじ
立案の際参考となる子どもの姿 ・手遊びをしている時、楽しそうな笑顔が見られる。 ・海の生き物に関する絵本や図鑑を見ていると、触ったり水族館の話をするなど興味をもっている姿が見られる。		ねらい ・ひとり遊びだけでなく、クラスの仲間と遊ぶ楽しさを味わう。 ・海の生き物に興味をもつようにする。	
活動設定の理由　**ココ①** ・子どもに人気の手遊び「さかながはねて」（作詞・作曲：中川ひろたか）を一人でするのではなく、仲間とのふれあい遊びに発展させ一緒に楽しめる遊びにする。		中心となる活動 ・手遊び「さかながはねて」を使ったふれあい遊びをする。	

時間	環境構成	予想される子どもの活動	保育者の援助・留意点
10：30 11：00	・保育室 ［ピアノ］［ロッカー］ ○○○○ ○○○○ ○○○○ ・机と椅子は片づけておく。 ・手遊びにつなげるための絵本「さかなってなにさ」を準備しておく。 （円の図）	・担任の指示に従い、座る。 ○手遊び「はじまるよ」（作詞・作曲：不詳）を保育者と一緒にする。 ○絵本「さかなってなにさ」（著者：せなけいこ）を見る。 ○「さかながはねて」の手遊びをする。 ・歌に合わせて、保育者や仲間とどんどんタッチをしていく。 ・大きな円をつくる。 ・保育者の質問に答える。 ・遊びが終わったら座る。 ・円になった状態で座り、保育者の話を聞く。	・絵本が見える位置に子どもを座らせる。 ・絵本に集中させるために、手遊びをする。 ・子どもの顔を見ながら手遊びをする。　**ココ②** ・海の生き物に興味がわくように読み聞かせをする。 ・子どもが楽しめるよう抑揚をつけて読む。 ・始めは、一人で手遊びをし、「先生やお友達とタッチだよ」と言って、見本を見せつながることを伝える。　**ココ③** ・歌詞に合わせてタッチをし、保育者や子どもたちと手をつなぎ一重円をつくるよう声をかけ誘導する。 ・その後、いろんな魚の真似をして遊ぶ。「上手にできたね」とほめ、「また魚のまねっこ遊びをしようね」と言って次につなげる。

「ココ」解説：3つの「ココ」について解説します！

▶ココ①

「子どもに人気の手遊び」とありますが……

→子どもに人気の手遊びを例にあげましたが、子どもたちの普段の様子をしっかり観察したり、担任の先生から子どもたちの好きな絵本や遊びを事前に聞いておくと指導計画の参考になり、また活動に必要な準備物が把握でき、詳細に書くことができます。

▶ココ②

「子どもの顔を見ながら手遊びをする」とありますが……

→保育者は、子どもが他児と違うことをしていないか、楽しんでいるか、ケンカをしていないか、危険なことをしていないかなどを確認しながら一緒に遊ばなくてはいけません。そのため例のように、保育者の援助は行動だけを書くのではなく、どのような声かけをするか、見守りはどの場面でするか、子どもをやる気にさせるにはどのように子どもに言葉かけをするかを具体的にかぎ括弧を使って書いておくと、ていねいな指導につながります。

▶ココ③

「見本を見せ」とありますが……

→口頭で説明するだけでは子どもに伝わりません。例のように自分が子どもの前で見本を見せたり、子どもに見本の手伝いをしてもらうなど工夫して説明すると理解しやすいでしょう。

❹ 3歳児の指導案

【例：部分実習・時案】

3歳児うさぎ組	合計 26 名 (男児 17 名／女児 9 名)	大学	ひいらぎ大学
期日	平成●年●月●日（●）	実習生名前	冬野　つばき
立案の際参考となる子どもの姿 ・手遊びやペープサートを楽しんでいる姿がある。 ・ペープサートクイズに興味があり、思ったことを言葉で表現している。		ねらい ・友達と一緒に手遊びやペープサートクイズを楽しむ。	
活動設定の理由 ・ペープサートクイズをしながら質問に替え、思ったことを言葉で表現する。 ・ペープサートをとおして、聞く力を身につけさせる。		中心となる活動 ・手遊びをする。 「はじまるよ」（作詞・作曲：不詳） ・ペープサートクイズを楽しむ。	

時間	環境構成	予想される子どもの活動	保育者の援助・留意点
10：30	・ホール	○2つのグループに分かれ、ホールへ移動する。　←ココ① ○手遊びを楽しむ。 「はじまるよ」 ・「ごーとごーではくしゅしよう」のとき、拍手をする。 ○ペープサートクイズを楽しむ。 「これは誰の耳でしょうか」 「サルさんの好きな食べ物は何でしょう」 「これは誰でしょうか」 ↑ ココ③	・ホールに移動するように声をかける。 ・落ち着いて集中できるようにする。 ・見本となるように元気よく大きな声で歌い、子どもたちと目を合わせながら手遊びをする。 ・「ごーとごーではくしゅしよう」のときに変化をつけて、全員で拍手をするように声をかける。 ・「みんな上手にできましたね」とほめる。 ・うさぎのペープサートを見せ、「これは誰の耳でしょうか」と尋ねる。 ・子どもたちの表情をよく見て言葉をよく聞き、やりとりを楽しむ。 ・最後はカエルのペープサートを見せる。
11：00	・ペープサートの用意をする。 ココ② ・棒を回転するとウサギの顔が見えてくる。 ・ピアノ	○「カエルのがっしょう」（作詞：岡本敏明・ドイツ民謡）を楽しむ。 ○保育室に戻る。	・ピアノを弾きながら、自由に楽しめるようにする。　←ココ④ ・保育室に戻るように伝える。

「ココ」解説：4つの「ココ」について解説します！

▶ ココ①
「ホールへ移動する」とありますが……
→ 3歳児が保育室からホールへ部屋を移動する時には、転んだり、友達とぶつかったりなどいろいろなアクシデントやトラブルも予想されます。予想される子どもの具体的な姿を書くとともに、それに対する保育者の援助も書くことが大切です。予想して書いておくことで、何かアクシデントが起こっても落ち着いて対応できるはずです。

▶ ココ②
→ ペープサートが図示してあり、どのようなものをどうやって扱うのかがわかりやすいです。

▶ ココ③
クイズの問いかけがありますが……
→ これらの問いかけは保育者がするものですので、保育者の援助・留意点の欄に書きましょう。

▶ ココ④
「自由に楽しめるようにする」とありますが……
→ 自由に楽しむとは具体的にどのようなことなのでしょうか。どのように楽しむのかを具体的に書きましょう。例えば、「歌詞を自由に替えて歌う」「自由な音程で歌う」「身振りを自由につける」などと書くとわかりやすいです。また、子どもたちが楽しめるように保育者はどのように援助をするのかも書くほうがよいです。

5　4歳児の指導案

【例：部分実習・時案】

4歳児さくら組	合計20名 （男児10名／女児10名）	大学	すずらん大学
期日	平成●年●月●日（●）	実習生名前	池野　ほとり
立案の際参考となる子どもの姿 ・簡単なルールのある遊びを楽しむ様子が見られる。 ・鬼ごっこのような追う・追われる関係、走ることが好きな子どもが多い。			ねらい ・時間について興味をもてるようにする。 ・保育者に追いかけられるスリルや楽しさを味わう。
活動設定の理由 ・遊びをとおして時計や時間について知ることができる。また、逃げるというスリルを味わうことができ、フラフープの中に入るときに子ども同士で一緒に逃げ切れた喜びを共有できるから。			中心となる活動　←ココ① ・オオカミ役の保育者に捕まらないように逃げる。 ・友達と協力してフラフープに逃げる。

時間	環境構成	予想される子どもの活動	保育者の援助・留意点
10：30	用意するもの ・ピアノ ・フラフープ（大・小）	・先生の前に集まり座る。 ・「オオカミさん、今何時？」のルール説明を聞く。 （遊びの説明） ①ピアノに合わせて自由に動く。 ②ピアノが止まったら、子どもたち（こぶた役）は先生（オオカミ役）に「オオカミさんオオカミさん今何時？」と聞く。 ③先生が「夜中の12時」と言うと、オオカミに捕まらないようにフラフープの中に入る。（何人入ってもいい） ④夜中の12時以外であれば「あー良かった」と言い、ピアノに合わせてもう一度動きはじめる。 ・フラフープの周りにばらばらに広がる。 ・ピアノに合わせて動く。 ・ピアノが止まると「オオカミさんオオカミさん今何時」と元気に聞く。 ・先生の「夜中の12時」という声に悲鳴を上げて近くのフラフープに逃げる。	・集まる声をかける。 ・「この前の『3びきのこぶた』の絵本覚えてる？　今日は先生がオオカミになるよ」とゲームをイメージしやすいよう伝える。 ・時計を見ながら「今は何時かな」など、時間について興味をもてるよう声かけをする。 ←ココ② ・フラフープに逃げるときは友達と一緒に入れるよう伝える。 ・動きやすい歌やなじみのある歌をピアノで弾く。 ・夜中の12時と答え、フラフープの外の子どもを追いかける。 ・子どもたちが追いかけられることを楽しめるように、オオカミになりきって声かけをする。　ココ③
10：45		・フラフープの数が減り、逃げる場所が減ったので盛り上がる。 ・先生の前に集まり座る。 ・各自が口々に感想を言う。	・慣れてきた様子を見て、フラフープの数を減らすことを話す。 ・集まる声をかける。 ・遊びについて感想を聞く。 ココ④→ ・次行うときは子どもたちもオオカミ役をするように伝え、次の活動に期待をもてるようにする。

「ココ」解説：4つの「ココ」について解説します！

▶ **ココ①**

「中心となる活動」には……

→遊び方だけでなく活動名も書きましょう。この指導案では「オオカミさん、今何時」ですが、絵本を読み聞かせるときは絵本の題名、歌を歌うときは歌のタイトルなども書いておきましょう。

▶ **ココ②**

「時間について…声かけをする」とありますが……

→右上「ねらい」の「時間について興味をもてるようにする」ための配慮として書かれています。「保育者の援助・留意点」は左側の「子どもの活動」に合わせて書いていきますが、このように「ねらい」を達成するためにどのような配慮をするかということを記述することも重要です。

▶ **ココ③**

「子どもたちが…なりきって声かけをする」とありますが……

→保育者がオオカミになりきって声かけをするのは、子どもたちが怖がりながら逃げることを楽しめるようにするためということがこの文章からわかります。このように「援助・留意点」には具体的な援助の内容だけでなく、それを行う理由や保育者の意図についても記しましょう。

▶ **ココ④**

「次行うときは…期待をもてるようにする」とありますが……

→このように終わりに次の活動につなげる言葉をかけることで、子どもたちは「またやりたい」という期待の気持ちをもつことができます。

6　5歳児の指導案

【例：部分実習・時案】

5歳児ひまわり組	合計 15 名 （男児 7 名／女児 8 名）	大学	なでしこ大学
期日	平成●年●月●日（●）	実習生名前	海野　みなと
立案の際参考となる子どもの姿 ・クラス全体として、みんなで1つのことをする活動が好きである。中には、活動の内容によって難しいと楽しく活動できない子もいる。		ねらい ・グループ制作をとおして友達とコミュニケーションをとり協力する大切さを味わう。 ・夏の海にどんな生き物がいるのか制作をとおして知る。	
活動設定の理由　ココ① ・グループ活動をとおして友達とコミュニケーションをとりながら制作を行うことで、たくさんのアイディアが浮かんでくる。また、グループ活動から全体の活動へとつなげることにより、みんなで1つの作品をつくり協力し合うことの大切さを学ぶ。		中心となる活動 ・各グループで違う海の生き物を制作する。 ・各グループでつくった作品を合わせて1つの壁面を完成させる。	

時間	環境構成	予想される子どもの活動	保育者の援助・留意点
10：00	・準備物 　のり・はさみ・クレヨン・新聞紙・画用紙・模造紙・セロテープ・スズランテープ （座席図：3, 5, 2, 4, 1） ・机を汚さないように新聞紙を机の上に広げておく。	・今からつくる生き物の説明を聞く。 ・自分のグループの説明でなくても他のグループは何をつくるのか先生の説明を聞く。 ・描いたり切ったり色を塗ったりして制作を始める。　ココ② 1グループ→タコ 2グループ→イカ 3グループ→クラゲ 4グループ→いろいろな魚 5グループ→いろいろな魚 ・どのようにすればよいかわからないところなど質問する。 ・同じグループの友達とコミュニケーションをとりながら制作をする。 ・理解をする。 ・でき上がった作品を模造紙に貼る。 ・片づけをする。 ・自分の席に座る。 ・完成した壁面を見て喜ぶ。 ・先生の話を聞く。　ココ③	・今からつくる生き物について各グループごとの説明を行う。 ・事前に準備しておいたグループごとの生き物の形が描いてある画用紙を配る。 ・はさみの使い方に注意するよう声をかける。 ・子どもたちが困らないようなアドバイスや自分でできるようなサポートを行う。 ・できた子から教師の所に持ってくるよう伝える。 ・大きな模造紙（海の中の絵が描かれている）に今回つくった海の生き物を貼るように伝える。 ・模造紙に作品を貼った子から机の上の片づけをするよう声をかける。 ・完成した壁面を見せて、海の中にはたくさんの生き物がいるということ、夏にぴったりなステキな壁面ができたことを伝える。そして、最後に夏休みに海に遊びに行ったときは、どんな生き物がいたのか教えてほしいと伝え壁面づくりを終える。

「ココ」解説：4つの「ココ」について解説します！

▶ ココ①

「活動設定の理由」とありますが……

→「立案の際参考となる子どもの姿」と関連しています。「子どもたちが今こういうことを楽しんでいるから」とか「子どもたちには今こういった課題があるから」など、子どもたちの姿とつながるような活動設定理由を書きましょう。

▶ ココ②

いろいろな準備物が書いてありますが……

→これだけでは、何をどれだけ準備しておくのかがわかりません。準備しておく個数や枚数など、具体的に書いておきましょう。例えば、のりやはさみの個数によって、各自で使うのかグループ単位で使うのかがわかりますし、スズランテープは切っておくのかどうかということも必要です。また、「生き物の形が描いてある画用紙」や「海の中が描いてある模造紙」も文字だけではわかりにくいので、イメージ図なども記しておきましょう。

▶ ココ③

さまざまな「予想される子どもの活動」が書いてありますが……

→これでは、子どもの姿がイメージできません。「どのようにすればよいのかわからないところ」とは描き方がわからない？　切り方がわからない？　「コミュニケーションをとりながら」とはどのような方法でどのようにすること？　「理解をする」とは何をどのように？　「作品を模造紙に貼る」とは何で貼るの？　第三者がこの欄を読み、子どもたちの活動や姿が頭の中に描けるように書くことが重要です。

コラム1 ICTを活用した保育

　最近よく耳にするICTとは「Information and Communication Technology」を略したもので、日本語では「情報通信技術」といいます。新しい学習教育要領では、教育現場でもっとICTを活用しましょうということになりました。

　それに伴い、保育現場でもICTの活用が望まれています。実際の保育現場では、ひらがな学習や音遊び、お絵かきでタブレットを利用している例があります。家庭でタブレット学習をしている子もいます。

　例えばひらがなの学習では、先生が書き順などの細かい指導をしたり、個々のスピードに合わせて指導することが難しいですが、タブレットを使えばその問題は解決します。また、自分で操作することは楽しい体験ですから、タブレットを使わない学習や課題への"やる気"につなげていけるという報告もあり、ICTを活用した保育はメリットが多くありそうです。

　さらに、子どもたちの健康状態をスマートフォンのアプリで管理したり、保護者へのお知らせを一斉通知できれば、先生の仕事の効率化が図れる可能性もあります。

　ただし、ICTを保育現場で活用するためには、大人が使いこなせていないといけません。先生自身もICTについて学び、また保護者にもメリット・デメリットについて情報を発信していく必要があります。どんな場面で使うとよいか、反対にあまり効果がないのか、ということを今後見極めていく必要がありそうです。

Part 2
春夏秋冬から指導案を考えよう

春

🌷 1　春の行事

春は別れと出会いの時期です。3月は就学や進級での新生活を意識づけしていきましょう。4月は新しいクラスや園での新生活がわくわくするような雰囲気づくりを心がけましょう。

3月や4月のように大きなイベントのない5月ですが、茶摘みや田植え、夏やさいやさつまいもの苗を植える時期です。潮干狩りも5月に始まります。自分たちで育てたり、収穫したりしたものを給食で食べると食育にもつながります。気温も徐々に高くなり、肌寒い日がなくなり、草花や昆虫が元気になりはじめる時期です。自然を観察しながら散歩に出かけるのもよいでしょう。

また、ゴールデンウィークには祝日がたくさんあります。年間を通じてですが、年長児には祝日の由来を教えていけるとよいでしょう。

	行事	壁面の素材例
3月	ひな祭り　卒園式　春分の日　彼岸	雛人形　ももの花　菜の花　たんぽぽ
4月	お花見　新学期　入学式　花祭り　イースター	桜　チューリップ　ちょうちょう
5月	こどもの日（ゴールデンウィーク）　母の日	こいのぼり　鎧・兜　はなしょうぶ　カーネーション

2 春の子どもの歌

　冬を越え、園庭には色とりどりの花が咲き心地のよい春。入園や卒園で環境が新しくなったり新しい友達ができたり、出会いと別れの季節でもあります。子どもたちの目の前に広がる美しい春の歌を歌いましょう。

▶ 生活の歌

　「おはよう」「おむねをはりましょ」「おかえりのうた」「おべんとう」「おかたづけ」「歯をみがきましょう」「さよならのうた」などがあります。
　子どもたちの園生活を彩るこれらの歌は、生活の歌と呼ばれています。一年を通して毎日、園生活の場面ごとに歌われますから、新しい年度を迎える前に練習しておきましょう。

▶ 入園、卒園、お友達の歌

　「あくしゅでこんにちは」「せんせいとおともだち」「ともだちになるために」「ハッピーチルドレン」「ハッピーバースデートゥーユー」「ビリーヴ」「思い出のアルバム」「さよならぼくたちのほいくえん（ようちえん）」などがあります。
　園生活の中で、友達を思いやる心が育まれます。「ハッピーバースデートゥーユー」を弾けるようにしておくと、誕生日会に役立ちますね。

▶ 春の歌、行事の歌

　「うれしいひなまつり」「春の小川」「ちょうちょう」「チューリップ」「ぶんぶんぶん」「こいのぼり」「あめふりくまのこ」などが。
　ひなまつりや子どもの日などの行事に合わせた歌や、春を感じられる歌は、リズムやメロディーがシンプルで口ずさみやすいものが多いです。

3 春の制作物

【折り紙を使った作品】さくら

①○印を合わせるように三角に折ります。

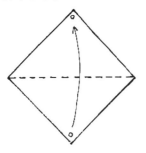

②もう一回○印を合わせるようにし、中心に折り目をつけ広げます。

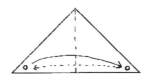

③手前の1枚だけ○印を合わせるように底辺に折り下げます。

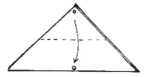

④折り下げた角を中心に折り上げ、元に戻し重ねます。

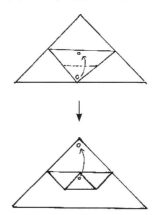

⑤折り線に合わせて右端の先端を○印のところまで折り上げます。

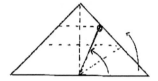

⑥左端も同じように折り上げるとチューリップの花のようになります。

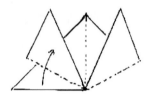

⑦⑥のところで折り上げたときに輪になった部分を、右側○印は手前から、左側○印は後側に折ります。

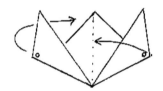

⑧点線に沿って切り、ゆっくり広げて完成です！（花に目や口を描いてもかわいいさくらができます）

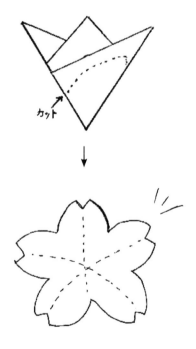

直線にカットすると星の形になります！

4 春の遊び

【草花を使った遊び】かんむり（伝承あそび）

●用意する物　しろつめ草またはれんげ草

① 2～3本（王冠の場合は、本数を増やす）を合わせ、もう1本の花で束ねるように巻きつけます。

② 巻きつけた花の茎を初めに束ねた茎にそろえ、別の花を使って①の作業を繰り返し、頭の大きさに合うよう、編み続けます。

③ かんむりになるよう輪にして、イラストのように茎を最初の花に合わせ、もう1本の花でしっかりと巻きとめてかんむりの完成です。最後の1本の茎は、輪になっているところに差し込みます。
プリンセスごっこを楽しむのもいいですね。

【指導案】

時間	環境構成	予想される子どもの活動	保育者の援助・留意点
10：10 10：40	（保育室） 保育者 ○ 材料 園児 円の中心に材料を用意する。	○かんむりをつくる。 ・材料を中心にして、円になって座る。 ・保育者につくり方を教わる。 ・一人でできる子は、どんどん編む。 ・一人でできない子は、保育者と一緒に編む。	・草花を事前に準備し、ビニールシートに広げ子どもが制作しやすいよう配置する。 ・かんむりの編み方をゆっくりていねいに教える。 ・子どもの様子を見て、わからない子どもには側で教える。 ・「王様みたいね。お姫様みたいね。上手にできたね」とほめ、がんばればできることを伝える。

5 春の保育で気をつけること

　春は入園や進級などで精神的にストレスを抱えやすく、情緒不安定になりがちです。その影響で体調を崩してしまう子どももいるので、注意深い観察が必要になります。

　春は暖かく過ごしやすい気候ですが、朝晩の気温の差が大きくなりがちで、体調を崩しやすい時期です。はおりものなど簡単に脱ぎ着できる服装で、温度調節を心がけましょう。

　また、お花見や遠足、園庭遊びなど外に出る機会も増える季節ですが、急激に紫外線が増えます。日陰の活用や帽子の着用など工夫しましょう。

　最近では花粉症の発症年齢が低年齢化していますので、風邪とは違うくしゃみや鼻水が続く場合や、目をかゆがる子どもには、専門医の受診を勧めてください。

春に気をつけなければならない感染症

▶ **溶連菌**

　細菌感染によって発熱、咽頭炎、扁桃炎を引き起こし、イチゴ舌や全身の発疹がみられます。抗生剤が処方され、解熱すれば登園できます。合併症として急性腎炎やリウマチ熱の可能性があるので、注意が必要です。

・**百日咳**

　百日咳菌という細菌による呼吸器の感染症です。風邪のような軽い咳から始まり、次第に発作的な激しい咳き込みを起こします。コンコンコンコンという咳き込みの後、急に息を吸い込むヒューという笛のような音が聞こえる発作（レプリーゼ）が特徴的。乳児では無呼吸発作を起こ

すことがあるので注意が必要です。DPTワクチンの接種で予防します。特有の咳が出なくなるか、抗菌剤による治療が終了すれば登園できます。

- **麻疹（はしか）**

　麻疹ウイルスによって発熱、発疹が現れる感染症です。初期には発熱、咳、鼻水、目やになどがみられ、次に口内の頬粘膜にコプリック斑と呼ばれる白斑が出現します。回復期には解熱し、色素沈着を残して発疹は消えますが、咳は数日続くことが多いです。MRワクチンの接種で予防します。解熱後3日を経過してから登園できます。

- **風疹（3日はしか）**

　風疹ウイルスにより発症します。発熱とともに赤くて小さな発疹が全身に現れます。麻疹より症状は軽いことが多く3日ほどで回復します。麻疹と同様、MRワクチンの接種で予防します。発疹がすべて消失すれば登園できます。

- **水痘（みずぼうそう）**

　水痘帯状疱疹ウイルスによって発症し、発熱とかゆみを伴う発疹が現れます。水痘ワクチンの予防接種が、2014年10月1日より任意接種から定期予防接種に移行されました。すべての発疹が痂皮化すれば登園できます。

- **流行性耳下腺炎（おたふくかぜ）**

　ムンプスウイルスにより発症します。発熱とともに両方または片方の耳下腺が腫れて痛みを伴います。髄膜炎や精巣炎、難聴などの合併症の可能性があり、注意が必要です。ワクチンはありますが、任意接種です。耳下腺、顎下腺または舌下腺の腫れが発現した後5日を経過し、かつ全身状態が良好になれば登園できます。

＊予防接種には、法律に基づいて市区町村が主体となって実施する公費で受ける「定期接種」と、希望者が自己負担で受ける「任意接種」があります。

夏

1 夏の行事

　子どもたちも少しずつ園に慣れてきます。梅雨で天気の悪い日も、てるてる坊主をつくるなど、雨の日も楽しむ工夫をしましょう。

　6月は衣替えがあります。季節の変わり目や服装を整えることを意識するきっかけになります。7月に入ると七夕や、園や地域のお祭り行事があるでしょう。行事を楽しむだけでなく、七夕にまつわるお話や地域のお祭りや踊りの意味なども伝えていけるとよいですね。

　精霊馬(しょうりょううま)は知っていますか？　お盆のお供え物の一つで、きゅうりでつくった馬となすでつくった牛のことです。お盆はご先祖様の霊があの世から帰ってきます。その際ご先祖様は精霊馬に乗って来るとされています。道に迷わないように提灯(ちょうちん)をつけたり、迎え火を焚(た)いたりします。最近ではこれを行っている家も少ないですが、後世に残していきたい伝統です。

	行事	壁面の素材例
6月	衣替え　歯の衛生週間　父の日 梅雨入り　夏至	あじさい　かたつむり　カエル　雨
7月	七夕　プール開き　土用の丑　夏休み	海　七夕飾り　夏やさい　せみ　カブトムシ
8月	夏祭り　終戦記念日	祭り　あさがお　ひまわり　花火　精霊馬

2 夏の子どもの歌

　夏は元気いっぱい遊び、思い出がいっぱいできる活動的な季節です。
　夏休み（主に幼稚園）や海やプール、お祭りなど、子どもたちが楽しみにしていることがいっぱいです。暑さを感じられる歌はもちろんですが、暑いからこそ涼しさを感じられる歌もよいでしょう。

▶ 暑さを感じられる歌

　「アイアイ」「南の島のハメハメハ大王」「すいかの名産地」「手のひらを太陽に」「とんでったバナナ」などがあります。
　夏の果実や南国、まぶしい太陽からは、じりじりとした暑さを感じることができます。身体を大きく動かしながら歌いたくなりますね。

▶ 夏の歌、行事の歌

　「かたつむり」「きらきら星」「夏は来ぬ」「夏の思い出」「村祭り」「金魚のひるね」「たなばたさま」「ヤッホッホ！　夏休み」などがあります。
　七夕は子どもたちが楽しみにしている夏の行事です。短冊に願い事を書いて、「たなばたさま」をしっとり歌います。晴れた夜空の星つながりで、「きらきら星」もよいでしょう。お祭りも夏の風物詩ですね。

▶ 涼しさを感じられる歌

　「アイスクリームのうた」「ぼくのミックスジュース」「うみ」「われは海の子」「浜辺の歌」「ぞうさん」「しゃぼん玉」「おばけなんてないさ」などがあります。
　冷たい食べ物や飲み物の他、水や波、海なども涼しさを感じられます。また、夏は怖い話を聞いたり、"おばけ屋敷"に行ったりするとヒヤッ

と寒気がするので、「おばけなんてないさ」も涼しさを感じられる夏の歌といえるでしょう。

3 夏の制作物

【シールを使った作品】花火うちわ

●用意する物　使わなくなったうちわ、黒色画用紙、カラーシール、はさみ、のり

①うちわの片面に黒色の画用紙をのりで貼り、うちわからはみ出た部分を切り落とします。

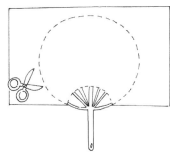

②花火のようにカラーシールを自由に貼り、完成です！

夕涼み会や花火大会、お祭りにMyうちわを持って行くのも楽しみが倍増しそうですね。

4 夏の遊び

【貝がらを使った遊び】貝あわせ（平安時代の貴族の遊び）

●**用意するもの** アサリやハマグリなどの貝がら、カラーシールまたは動物やお花のシール

① 偶数になるように10枚以上（年齢に合わせて枚数を調整）貝がらをきれいに洗い、よく乾かします。

② 貝がら2枚ずつがペアになるように同じ色のシールを貼ります。年齢が低い子どもは貼り付けたシールの枚数で、色合わせゲーム。年中・年長の子どもはシールの枚数でトランプのように神経衰弱ゲームに発展させることができます。ルールは、子どもと一緒に考えても楽しいですよ。

【指導案】

時間	環境構成	予想される子どもの活動	保育者の援助・留意点
10：10	〈作業〉 保育者○ テーブル 〈ゲーム〉 保育者○ 園児	○テーブルに座る。 ○配られた貝がらにシールを貼る。 ○ゲームをするため円になって座る。 ○絵あわせゲームをする。	・貝がらを事前に洗って準備をしておく。 ・子どもたちの作業前に見本を見せ、作業説明をする。 ・一度に何枚も貝殻を渡すと間違えるので、一人に2枚ずつ貝がらとシールを渡す。 ・貝がらが完成したら、「絵あわせゲーム」のやり方を説明する。 ・保育者も子どもと一緒に楽しむ。 ・絵が合わない子どもがいた場合、「どこにあるか、みんなで考えよう！」と協力して取れるように言葉をかける。 ・色や数のかぞえ方を覚えることを期待する。
11：00			

5 夏の保育で気をつけること

　夏は暑さによって体力が奪われやすく、免疫力が低下しやすいことから体調を崩しがちです。食欲不振や睡眠の質の低下などもその原因となりうるため、生活面への配慮が必要です。
　また、高温多湿な環境を好む細菌やウイルスが活発になり、「夏風邪」と呼ばれる感染症が流行しやすくなります。食事面においても、食中毒の危険性が高まるため、衛生や食品の取り扱いには注意が必要です。
　野外活動においては、熱中症に十分注意しましょう。子どもは脱水を起こしやすいため、こまめな水分補給を心がけるとともに、熱中症対策の実施と早期発見に努めましょう。

▶ 夏に気をつけなければならない感染症

・手足口病

　エンテロウイルスが原因で発症する代表的な夏風邪の一種です。発熱、口内炎、咽頭痛に続き、手、足、口腔粘膜に水疱がみられます。特効薬はなく、発疹にステロイド剤を使用すると増殖させてしまう可能性があるので注意が必要です。10種類以上のウイルスが原因となるので、別のウイルスによって1年に2回かかることもあります。食欲の低下や脱水に注意が必要です。手足口病は登園停止の病気ではありませんが、感染の可能性があるので、医師の許可を得てから登園することが望ましいでしょう。

・ヘルパンギーナ

　エンテロウイルス群の中でも、主にコクサッキーウイルスが原因と

なって起こる感染症です。急激な高熱と口内炎や水疱、咽頭や口蓋垂の炎症がみられます。症状が回復した後も、2～3週間以上便からウイルスが検出されることが多いので注意が必要です。咽頭痛に配慮した食事内容の工夫や、高熱への熱性けいれんに注意しましょう。手足口病と同様、登園停止の病気ではありません。

・**咽頭結膜熱（プール熱）**

　アデノウイルスが原因でプールの水を介して感染が拡大することから、プール熱とも呼ばれます。発熱、咽頭炎、結膜炎を呈し、腹痛、下痢、咳などを伴うこともあります。感染を防ぐため、ウイルスが排出される期間はオムツ交換やタオル類の共用などには注意が必要です。主要症状が消退した後2日を経過するまで登園停止になります。

・**伝染性膿痂疹（とびひ）**

　主に黄色ブドウ球菌という細菌によって起こる皮膚病です。擦り傷や虫刺され、湿疹のひっかき傷などに細菌が入り、膿疱ができます。この膿疱から周囲に感染を広げてしまうことが多いため、とびひとも呼ばれます。抗生剤の内服や軟膏で治療します。患部の保護とともに皮膚を清潔に保つことを心がけ、プールの禁止やタオル類の共用は避けましょう。アトピー性皮膚炎の子どもは皮膚バリアが壊れているため感染しやすい傾向にあり、注意が必要です。

・**食中毒**

　病原性大腸菌（O-157）やサルモネラ、黄色ブドウ球菌などさまざまな原因菌が存在します。発熱や腹痛、下痢、嘔吐が主な症状ですが、症状の現れ方や経緯にも違いがあるため、自分で判断せず、医療機関を受診することが必要です。子どもの場合はとくに脱水に注意しましょう。下痢止めや吐き気止めの薬の内服は、病状を悪化させることになるので厳禁です。

秋

1 秋の行事

　秋はスポーツの秋、芸術の秋です。運動会を開催する園や、11月や12月にかけて制作発表会やお遊戯会を開催している園も多いでしょう。この時期の壁面は、子どもたちの作品を飾ったり、折り紙などで落ち葉をつくってもらうなど、一緒に完成させるのもよいですね。

　最近盛り上がっているハロウィーンは、本来どのような行事か知っていますか？　日本では宗教的な意味合いはほとんどないですが、クルト人の秋の収穫を祝い、悪霊などを追い出す宗教的な意味合いのある行事でした。今ではかぼちゃのお化けをつくって飾ったり、子どもたちが魔女やお化けに仮装して近くの家々を訪れてお菓子をもらったりする行事になっています。けっして大人が仮装を楽しむ行事ではありません。似たような日本の行事には、"お月見泥棒"という十五夜に子どもたちがお菓子をもらいに回るしきたりが残っている地域があります。

	行事	壁面の素材例
9月	防災の日　彼岸 敬老の日　秋分の日	満月　月見だんご　すすき　彼岸花 鈴虫
10月	衣替え　体育の日 読書週間　ハロウィーン	運動会　コスモス　どんぐり　栗 さつまいも
11月	七五三　勤労感謝の日	いちょう　もみじ　みのむし

❷ 秋の子どもの歌

　秋は涼しくなり、過ごしやすく喜ばしい季節です。実りの秋、収穫の秋、食欲の秋、芸術の秋、スポーツの秋などと呼ばれ、敬老会や運動会、音楽会など行事も多く、園生活としても、とても慌ただしい季節です。
　また、実習や就職活動、就職試験に向けて、秋の歌をたくさん勉強しておくとよいでしょう。

▶ 秋の歌、行事の歌

　「どんぐりころころ」「大きな栗の木の下で」「きのこ」「やきいもグーチーパー」「まつぼっくり」「もみじ」「まっかな秋」「小さい秋みつけた」「とんぼのめがね」「虫のこえ」「こおろぎ」「月」「うさぎ」「ゆうやけこやけ」「里の秋」「うんどうかい」「山の音楽家」などがあります。
　どんぐりやまつぼっくりを拾ったり、芋ほりをしてお芋を焼いたり、秋らしい虫の鳴き声が聴こえてくる歌もたくさんあります。

とんぼのめがね

額田誠志 作詞
平井康三郎 作曲

3 秋の制作物

【どんぐりを使った作品】なかよしどんぐり（オーナメントづくり）

●**用意する物**　どんぐり（子ども一人に1個）、カラー毛糸またはモールを約10cm（子ども一人に1本）、木工用ボンド、油性ペン

①油性ペンでどんぐりに顔を描き、帽子とどんぐりの間に毛糸またはモールをはさむようにボンドで貼りつけましょう。

②ボンドが乾き完成したら、別の子どものどんぐりの毛糸を結び、つなげていきます。すべてつなげば完成です。

　壁面の飾りや、世界中の国旗の柄に塗ると運動会のときに使う旗になります。また、長さを短くすれば、ネックレスやブレスレットになりますし、つっぱり棒にくくりつけて垂らすと、のれんになりますので、お店屋さんごっこのときに活躍しそうですね。

4 秋の遊び

【コスモスを使った遊び】花びらコプター（伝承遊び）

●**用意する物**　茎つきのコスモスの花

①コスモスの花びらを、数をかぞえながらえら一枚おきに抜きとります。

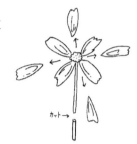

②花びらを抜きとったら、目の高さから茎を下にして落とします。
すると、ヘリコプターのプロペラのようにくるくると回りながら下に落ちていきます。
（茎が長すぎると早く落ちてしまうので注意！）

【指導案】

時間	環境構成	予想される子どもの活動	保育者の援助・留意点
10：10	〈散歩先または園庭〉 保育者／園児	○保育者の説明と見本を見ながらコスモスの花びらを抜く。	・コスモスは事前に準備をしておく。 ・子どもに完成した花びらコプターを見せ、作業説明をする。 ・一人に1本ずつ渡し、「1枚、2枚……」とみんなでかぞえながら花びらを1枚ずつ保育者と一緒にみんなで抜き取る。 ・わからない子には、側でゆっくり説明する。
		○手から離して回り方を観察する。	・完成したら、「みんなの目の前に花びらコプターを出して、『せーの！』の合図で手を離すよ」と声をかけ一緒に遊ぶ。 ・回り方や早さについて子どもと話し、観察する楽しさを伝える。
11：00			

5　秋の保育で気をつけること

　秋は夏の暑さが和らぐことで過ごしやすい季節ですが、湿度も低下することから、ウイルスが活発に活動しはじめる時期でもあります。夏の疲れを引きずっていたり、季節の変わり目で免疫力が低下していると、体調不良を引き起こしやすくなります。油断せずに手洗い、うがいを心がけるとともに、栄養や睡眠にも気を配り、体調管理に注意しましょう。

　また、秋には気温の変化や気候の変化が激しいため呼吸器疾患の症状が出やすくなり、喘息もちの子どもは発作が起きやすくなるので注意が必要です。ブタクサやヨモギを主流とした秋特有の花粉症も流行するので、早めの対策を心がけましょう。

　「夏の保育で気をつけること」で夏に食中毒が多いとありましたが、実は発生件数が最も多くなるのは10月です。その理由は、キノコやフグ、カキなど毒素の含まれる食品が増えることと、遠足や運動会などの行事が多くなり、野外での食事が増えることなどがあげられます。食中毒の予防には十分配慮が必要です。

　また、病気の他にも運動会の練習などが原因でケガが多い時期でもあります。健康管理とともに安全指導にも注意が必要ですね。

▶秋に気をつけなければならない感染症
・インフルエンザ

　インフルエンザウイルスによって起こる呼吸器感染症で、春先までの長い期間で流行します。どの年代でも発症しますが、子どもや高齢者は重症化しやすいため注意が必要です。悪寒を伴う高熱や全身倦怠感を伴い、急激に発症し、鼻水、咳、咽頭痛などの呼吸器症

状、吐き気、嘔吐、下痢などの消化器症状の他、全身に症状が現れます。乳幼児では熱性けいれんを引き起こす可能性もあります。対症療法が主となりますが、特異的な治療法としてタミフル、リレンザなどの抗ウイルス薬の投与が行われます。早めの医療機関受診が望ましいでしょう。合併症として、肺炎、脳症、中耳炎、心筋炎、心膜炎などの危険性があり、ワクチンの予防接種が有効です。インフルエンザは第2種の感染症に定められており、発症した後5日を経過し、かつ、解熱した後2日（幼児にあっては3日）を経過するまで登園停止とされています。

・**RSウイルス**

RSウイルスによって引き起こされる呼吸器症状を主症状とする感染症です。鼻水、咳、発熱や咽頭の狭窄（きょうさく）による声がれ、ケンケンという犬が吠えるようなの甲高い咳、吸気性の呼吸困難がみられ、ヒューヒューという喘鳴（ぜんめい）を伴う細気管支炎、肺炎などを発症します。乳幼児の場合は、無呼吸の原因と

なるなど重症化する危険性があります。乳児の半数以上が1歳までに、ほぼ100％が2～3歳までに感染するといわれ、その後も再感染を繰り返す一般的な疾患です。治療としては発熱や呼吸器症状に関する対症療法となり、脱水傾向になると痰を出すことが困難になるため、注意が必要です。家族内や施設内での感染予防に努めることが望ましいでしょう。

・**マイコプラズマ肺炎**

肺炎マイコプラズマという細菌が原因で引き起こされる流行性の呼吸器感染症です。39℃以上の高熱と長い期間持続する咳を主症状とし、子どもや若い人に比較的多く発症する肺炎の1つです。対処法としては、水分や栄養補給に配慮し、安静にすることが大切です。マイコプラズマ感染症と診断された場合には、発熱や激しい咳がおさまり、感染の恐れがなくなったという医師の許可を得てから登園可能となります。

冬

1 冬の行事

　年末と年度末で慌ただしくなる冬です。12月のクリスマスは多くの家庭で楽しむイベントですが、年末にお餅をついたり、お正月に門松を飾ったり、おせち料理をつくったりする家庭は減っています。日本の素晴らしい風習として知っておいてもらいたい風習です。年末年始を意識できるように、みんなでお掃除をして部屋の入り口にしめ飾りをするのもよいかもしれません。祖父母などの家族に年賀状を書くのも楽しいですね。反対に、先生から年賀状が届いたらきっと子どもたちも喜びますよ。年始には新年の挨拶をするのもよいでしょう。

　2月に入ったら卒園や進級に向けての意識づけを始めましょう。1年間の成長がわかるものがあると、送迎時の保護者の方にも喜ばれるでしょう。新生活がイメージできるものがあると、子どもたちも4月からの新しい生活が楽しみになります。

	行事	壁面の素材例
12月	冬至　クリスマス　大晦日	サンタクロース　クリスマスツリー／リース　かぼちゃ
1月	正月　年賀状　七草の日　鏡開き　成人の日	しめ飾り　門松　鏡餅　ししまい　たこあげ　羽根つき　こま回し
2月	節分　バレンタインデー　うるう日	鬼　恵方巻き　梅　雪だるま　かまくら

2　冬の子どもの歌

　12月はクリスマス、1月はお正月、2月は節分があります。冬の寒さを音楽でホットに過ごしたいですね。クリスマスや年末年始には世界中がクラシックやポップス他、さまざまなジャンルの音楽であふれている季節です。

▶ クリスマスソング
　「赤鼻のトナカイ」「あわてんぼうのサンタクロース」「ジングルベル」「きよしこの夜」「サンタが街にやってくる」などがあります。
　子どもたちはクリスマスをワクワク楽しみに待っています。子どもたちの気持ちを盛り上げるクリスマスソングは、リズムやメロディー、ハーモニーが少し難しいものが多いので、ていねいな練習が必要です。

▶ 冬の歌、行事の歌
　「お正月」「ゆき」「たきび」「北風小僧の寒太郎」「まめまき」などがあります。
　寒い冬ですが、雪が降ると子どもたちは喜びますね。カウントダウンをしながら「お正月」を迎え、新しい年を祝いましょう。また、節分も冬の楽しい行事ですね。

3 冬の制作物

【いろんな紙を使った作品】鬼のお面

●用意する物　B4色画用紙、セロハン紙、折り紙、はさみ、のり、穴開けパンチ、輪ゴム4本

①ベースとなる色画用紙（B4サイズの場合たて18cm、よこ18cm）を準備し、中表になるよう半分に折ります。

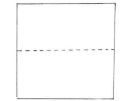

②半分に折ったところへ目と鬼の顔の形になるよう切り取り線を書き、線に沿って切ります（保育者が事前に書いておくことで、失敗せずにできます）。

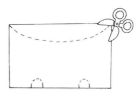

③折り紙を好きな形に切ってお面に飾ったり、鬼の顔を描きます。セロハンは、目の部分に裏から貼りましょう。

④穴開けパンチでゴムを通す穴を開け、左右の穴にゴム（2本ずつ使う）を通し、完成です。

　毛糸や手芸用綿で髪の毛やヒゲをつくって貼りつけても面白い作品になるでしょう。節分の日の豆まきが楽しみですね。

4 冬の遊び

【やさいを使った遊び】やさいスタンプ年賀状

●**用意する物**　いろんな形のやさい、絵の具、スポンジ、スポンジ用受皿、はがき（無地）、包丁、手ふき用タオル、新聞紙

①カットされたやさいにスポンジ絵の具で色をつけます。一色でもよいですし、断面が広い場合はいろんな色をつけるとカラフルなスタンプができます。

②やさいに色をつけたら、はがきに押して完成です。好きなやさいを使って、スタンプ遊びを楽しみましょう。
自分でつくったはがきがお正月に届くとうれしいですね。

【指導案】

時間	環境構成	予想される子どもの活動	保育者の援助・留意点
10：10 11：00	〈作業〉 （保育者・テーブル図） ・テーブルが汚れないよう、あらかじめ新聞紙を敷いておく。 ・各テーブルに各色のスポンジ絵の具を準備しておく。	○やさいスタンプで年賀状をつくる。 ・やさいクイズに挑戦する。 ・保育者の見本を見ながら、好きなやさいをスタンプラリーのように押し回る。	・やさいを事前に切り、やさいの名前や断面がどのような形になっているか子どもたちとクイズ形式で楽しむ。 ・切ったやさい、スポンジ絵の具、手ふき用タオルを各テーブルに各色置く。 ・子どもたちに見本を見せ、ていねいに作業説明をする。 ・準備ができたら、はがきを配り、押したい所へ移動するよう促す。 ・押せているか見守る。 ・完成後「お家に届くよう、一緒にポストへ入れにいこうね」と話をする。

5 冬の保育で気をつけること

　冬は空気が乾燥して気温も下がり、低温、低湿度を好むウイルスや細菌などにとって活動しやすい時期になります。高温、多湿を好むウイルスよりも長く生存できる環境であるため、感染力が強くなり、被害が拡大する可能性があります。空気が乾燥するとウイルスの水分を蒸発させて空気中に浮遊しやすくさせ、咳やくしゃみによって遠くまで飛びやすく、伝染しやすい環境となります。また、寒さによって人の体温が低下して免疫力が低下することと、夏ほど水分をとらなくなることで体内の水分量が少なくなることが原因で、感染症にかかりやすくなります。冬にかかる感染症の中には、小さな子どもでは重症化して命にかかわるものも少なくないため、かからないように予防することが大切です。手洗い、うがいの徹底や、感染源の除去、生活リズムを整えて免疫力を高めておくように心がけましょう。

▶ 冬に気をつけなければならない感染症
・ノロウイルス感染症

　ノロウイルスによって引き起こされる激しい下痢や嘔吐などを伴う感染性胃腸炎です。感染力が非常に強く、嘔吐物や便に含まれる少量のウイルスでも集団感染の原因となり、乾燥や熱にも強いうえに、自然環境下でも長い期間生存が可能といわれています。主に人から人への接触感染や咳やくしゃみなどの飛沫感染の他、食品などを介する経口感染、河川を経由して汚染された魚介類を生あるいは十分に加熱調理しないで食べた場合など、さまざまな感染経路があります。子どもや高齢者が感染すると頻回の嘔吐や下痢によって重症の脱水を引き起こし、重症化することもあります。また、嘔吐物が気道に詰まり、窒息する危険性もある

ので注意が必要です。長期免疫が成立しないため、何度も繰り返し感染する可能性があります。二次感染を防ぐために、適切に汚物の処理を行うことが大切です（図 2-1）。

・ロタウイルス感染症

　ロタウイルスによって引き起こされる急性胃腸炎感染症です。他のウイルス性胃腸炎に比べて重症化しやすく、入院に至ることも多くあります。生後 6 か月から 2 歳までにかかりやすく、5 歳までには 95％以上が感染するといわれています。ノロウイルス感染症に似た症状ですが、高熱と水溶性の白色便が特徴的です。けいれんや脳症を合併することがあるので注意が必要です。任意で乳児期の予防接種が可能です。

★他にもインフルエンザ、RS ウイルス、溶連菌、百日咳など、春、秋に紹介した感染症がピークになることもあります。

①使い捨てのマスク、エプロン、手袋を装着しましょう。

②ペーパータオルで嘔吐物を覆います。

③嘔吐物を覆っているペーパータオルの上から消毒液を注ぎます。

④嘔吐物を中央に集めるように、何度かに分けて取り除きます。

⑤処理したものをポリ袋に捨てます。

⑥手袋、エプロン、マスクの順にポリ袋に捨て、口をしっかり結びます。

⑦すべての処理が終わったら必ず手洗いうがいをしましょう。

図 2-1　嘔吐物の処理方法

コラム 2 ピアノ初心者でも安心　ラクラク弾き歌い

♪全身を使って、いろんなものに変身してみましょう。

まねっこあそびうた（へんしんあそび）

榊原尉津子　作詞／作曲

〈用意する物〉

イメージしやすいように変身するものの写真またはイラストを準備。

〈うた〉

★昆虫バージョン

　　園庭や公園にはどんな昆虫がいるかな？　探してみよう！

♪こんちゅうが　いるのかな　きょ〜うは　な〜にが　いるのかな

★海の生き物バージョン

　　広い海の中にはどんな生き物がいるかな？　潜って探してみよう！

♪あおいうみ〜の　な〜かには　な〜にが　およいで　いるのかな

★お花畑バージョン

　　いい匂いのお花畑にはどんなお花が咲いているか探してみよう！

♪おはなばた〜けの　な〜かには　ど〜んな　おはなが　さくのかな

〈遊び方〉

①歌っているときに、数枚の写真やイラストを子どもに見せ、変身するものを考えさせます。

②歌い終わったら、例えば保育者が「ラッコがいたよ！」と合図を送り、みんなでラッコの真似をします。そのとき保育者は、「ぷかぷか浮いて、お胸でコンコン貝を割っているね〜」と特徴を話してあげてください。すると、へんしんすることが楽しくなり、動物や植物、昆虫などに興味をもちやすくなるでしょう。

♪午睡前のひと時に、やさしいゆったりこもりうたです。

あたたかな（こもりうた）

髙橋早紀子　作詞作曲

♪読み聞かせ前の導入にピッタリの手遊びです。

笑ってごきげん（手遊び）

作詞　作曲　髙橋早紀子
振付　榊原尉津子

いちにち じゅ う にこやか ー に

さっきま での し くしく　わらってご きげん

①いちにち
右手人差し指を、半円を描くように左側から右方向に出します。

②じゅう
①と同じように左手人差し指で行います。

③にこや
①で出した右手人差し指を右頬にあてます。

④かに
②で出した左手人差し指を左頬にあてます。

⑤さっきまでの　しくしく
右手、左手の順に泣き真似をします。

⑥わらって
両手で顔を隠します。

⑦ごきげん
両手を開きながら、にっこりポーズ。

♪大切ないのちに感謝して、みんなで一緒に踊ってみましょう。

ありがとう（リズムダンス）

高橋早紀子　作詞・作曲
榊原尉津子　振付

きら きら まぶしい ひかりを て の ひらに

みーぎのて　ひだりのて　むーねに あて て

きょ うも いのちに かんしゃして あり がーと う

①きら きら
右手の平をひらひらさせながら、左側から右方向に大きく回します。足は、右足を右方向へ横に一歩出して、左足を右足にそろえます。

②まぶしいひかりを
①と同じように左手・左足で行います。

③手のひらに
両手を体の前で大きく1回まわし、両手の平の上に太陽をのせるように、目の高さまで持ち上げるポーズをします。足は両膝を少し曲げます。

④みぎの手 ひだりの手
右手、左手の順に胸に手をあてます。足は両膝を屈伸させリズムをとります。

⑤むねにあてて
胸に手をあてたまま、その場で1回まわります（回る方向は自由）。

⑥きょうもいのちに 感謝して
両足をそろえて立ち、体の前で両手を大きく回し、握手するように手を合わせます。

⑦ありがとう
握手した手の甲を自分の頬に左右交互にあてます。
膝は軽く屈伸をしてリズムをとります。

Part 3
子どもの姿から指導案を考えよう

0歳児の保育

> **ポイント**
> ・0歳児の発達には個人差があること
>   を理解しましょう。
> ・愛着形成の大切さを理解したうえで
>   の声かけやかかわりがもてるように
>   しましょう。

1 身体の発達

　出生時は体重が約3kg、身長は約50cm、頭囲は約33cm、胸囲は約32cmです。体重は生後3か月で約6kg（出生時の約2倍）、1歳で約9kg（約3倍）に、身長は1歳で約75cm（出生時の約1.5倍）、頭囲と胸囲は1歳で約45cmとなり、乳児期が一生のうちで最も成長する時期です。身体測定には、どれくらい成長したのかという発育状況や栄養状態を知るとともに、健康であるかの判断基準となるねらいがあることを理解し、正しく評価することが大切です。この時期の成長は、出生体重や在胎週数などにも大きく影響されるため、個人差があることを十分理解する必要があります。

　頭囲の成長は、脳の発達と関係しており、出生時約400ｇの脳は、6か月で約800ｇ（出生時の約2倍）、1歳時には約1200ｇ（出生時の約

3倍）にもなります。また新生児の頭蓋骨は、図3-1のように、5枚の骨があわさって形成されているため、6か所の柔らかい非骨化組織（泉門）が存在します。中でも一番大きいものを大泉門と呼び、1歳半から2歳ごろで自然に閉鎖します。大泉門の陥没が著しい場合は、脱水症や栄養障害の危険性があります。一方、膨隆している場合は、水頭症、脳腫瘍、髄膜炎、脳炎などの危険性があります。柔らかい部分なので頻繁に触ったり押さえる必要はありませんが、健康のバロメーターになっていることは知っておきましょう。

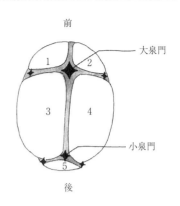

図3-1 頭蓋骨と泉門

歯は図3-2のように、生後6〜7か月ころから生えはじめ、満1歳ごろには上下4本ずつとなります。歯が生えはじめたら歯みがきの習慣づけを行いましょう。乳歯はすべて生えそろうと20本になります。

運動機能の発達は、神経系の発達と密接な関係があります。その発達段階は一定の方向性・順序があり、頭部から下方へ、身体の中心から末梢へと連続しています。身体全

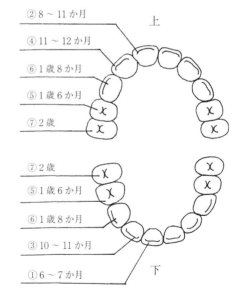

図3-2 歯の生える順番と時期

体を使う粗大運動は、図3-3のように、段階的に発達しますが、中にははいはいをせずに立つ子どももいます。発達の順序が違ったり、飛ばしたりすることは異常ではありませんし、無理にはいはいさせる必要もありません。あくまでも目安としての発達月齢にすぎないので、神経質にならずにその子の成長を見守ることが大切です。一方、手先の細かい微細運動は、図3-4のように発達し、知的発達とも密接に関係しています。いずれの場合も、あまりに発達の遅れが心配されるような場合は、病気や障害の可能性もあるため、保護者へ医療機関受診を勧めましょう。

2 人間関係

0歳児にとって必要な人間関係とは、安心して信頼できる大人との愛着（アタッチメント）形成ができる関係のことです。衣食住を含む生きるための養育をされる中で、ぬくもりや愛情を受け入れ、安心できる環境で情緒的絆を形成していく時期です。愛着が形成されると人見知りや後追いをするようになり、心の発達がうかがえます。また、次の段階として他者との関係を築く社会性を広げる経験へとつながります。目と目を合わせて穏やかな気持ちで声をかけながらふれあうこと、愛情をもって接することが何より大切です。この時期に愛着形成がなされることは、その後の人生にも大きく影響することが予想されますので、保育者として愛着を与えられる誰かの一人になれるように子どもに接する気持ちをもち続けてもらいたいものです。

3 言葉

出生時に産声をあげることが初めての発声となります。2～3か月ごろは喃語期（なんご）と呼ばれ、「あー」「うー」などの舌を使わずに出る母音だけ

3〜4か月
首がすわる

5〜6か月
寝返りをうつ

7〜8か月
お座りをする

8〜9か月
前方にはう

9〜10か月
つかまり立ち

12か月
独り立ち

12〜15か月
一人歩き

図3-3　粗大運動の発達

5〜6か月
手全体、5本の指と
手のひらをともに使う

7〜8か月
母指・示指・中指の
3本の指の腹を使う

1歳〜1歳2か月
母指と示指の2本の
指先でつまむ

1歳6か月
2〜3個の
積み木を積む

3歳
細かなものをつかんだり
丸が描けるようになる

4歳
四角が描ける

図3-4　微細運動の発達

の"クーイング"や、「ばぶばぶ」などの子音を含む"喃語"を出します。5か月ごろには喃語を繰り返すようになり、種類も増えます。7か月ごろは模倣期と呼ばれ、言葉を認識し、人の言葉を真似ようとします。10か月ごろには"ジャルゴン"と呼ばれる、まるで会話をしているような意味のない発声がみられます。それらを経て1歳ごろに、意味のある言葉を発するようになる発語期へと発達します。

　言葉の発達にも個人差がありますので、聴力や他の発達に問題がなければ、たくさんの声かけをしながらあたたかく見守りましょう。

4　身辺自立

　生後1か月ごろの赤ちゃんの一日の平均睡眠時間は約16～18時間です。昼夜の区別がつかず、2～3時間おきに目を覚まします。生後2～3か月ごろになると一日の平均睡眠時間は14～15時間となり、少しずつ昼夜の区別がつきはじめ、一回に起きている時間も長くなります。哺乳量が増えるため、夜中の授乳量が減り、寝る時間もまとまってきます。生後4～6か月ごろになると一日の平均睡眠時間は13～14時間となり、体内時計が少しずつ発達しはじめるため、生活リズムが整ってきます。生後7か月～1歳ごろでは、一日の平均睡眠時間は11～13時間となり、昼起きて夜に寝る生活になります。昼間にしっかりと遊んであげ

ましょう。7か月ごろには夜泣きをすることも多く、睡眠リズムが崩れることもあります。夜泣きが続くと、保護者は心身ともに疲労しがちですので、話を聞くなどの精神的サポートを心がけましょう。

5 認知

　生まれたばかりの新生児でも、目は見えています。脳や神経の発達が未発達なため、視力は 0.01 〜 0.02 ほどです。抱っこしたときの目と目の距離が約 30cm であり、ちょうどぼんやりと見ることができる距離だといわれていますので、しっかり目を合わせて声かけしてあげましょう。3 か月くらいになると、一点を集中してみる「注視」や、動くものを目で追う「追視」もできるようになります。6 か月になると視力は 0.1 程度になり、人の顔や表情の区別がつくようになるため、人見知りが始まります。1 歳になると、視力は 0.2 程度になり、細かいものや、空間の関係が認識できるようになります。色覚については、生後 15 日以降で普通光より着色光を追うといわれています。生後 3 か月以降で赤・黄・緑・青の識別が可能となります。

　聴覚については、胎児のころから外の音に反応を示します。生後すぐから大きな音に対して閉眼反射が認められ、1 か月になると、聞きなれた声に泣き止んだりします。2 〜 3 か月ごろになると、音のする方向に顔を向けるようになります。聴力障害がある場合には、言葉の発達が遅れることがあるので、早い時期から補聴器などを使用し、脳に刺激を与えることが必要になります。

6 遊び

　子どもにとって、遊びは身体的にも精神的にも社会的にも発達を促すために欠かせないものであり、知性や道徳性にも教育的な効果をもたらします。0 歳児での遊びは主に感覚運動遊びが中心で、発達に合わせて見たり、触れたり、身体を動かしたりするものが望ましいでしょう。

2か月ごろまでは、抱っこか寝かせたままでの遊びが中心となります。じっと見つめることができるようになれば、口を開けたり、舌を出したりするのを真似したりするようになります。「あー」「うー」「くー」などの声を出すようになれば、やさしいトーンで同じように「あーあー」「うーうー」「くーくー」というように反復してあげるだけで、会話遊びになります。赤ちゃんが声を出すのはリラックスしている状態ですので、ゆったりとした気持ちで声かけをすることが大切です。また、寝ぐずりなどをするようなときは、心地よい音楽に合わせて抱っこをしながらゆらゆら揺らしてあげると落ち着くこともあります。3〜5か月ごろには首もすわり、手足の動きも活発になるので、こちょこちょ遊びや関節を曲げたり伸ばしたりするとうれしそうな表情をしたり、声をたてて笑ってくれるでしょう。6〜9か月ごろには、欲しいものに手を伸ばしたり、興味があるものを追いかけようとするので、「はい、どうぞ」「ちょうだい」などができるようになります。また、認知機能も発達するので、「いないいないばあ」や人の表情を読み取るようになります。机の上から物を落とすことを繰り返すこともありますが、拾ってくれる人の表情を楽しんでいたり、落ちた先をのぞき込んで見ていたり、興味・関心が広がった証拠です。落とされて危険なものは周囲に置かないように気をつけて、見守ってあげましょう。10か月〜1歳ごろには、身体の発達に合わせて「はいはい待て待て」や「つかまり立ちで追いかけっこ」

「あんよは上手」など、全身を使った遊びが多くなります。行動範囲も広がり、転倒などの事故も多くなるため、注意が必要です。周囲環境の安全確認を行い、目を離さないようにしましょう。

7　0歳児の指導案

【例：部分実習・時案】

0歳児ほし組	5名 （男児3名／女児2名）	大学	森林大学
期日	平成●年●月●日（●）	実習生名前	山野　緑子
立案の際参考となる子どもの姿 ・ふれあい遊びや感覚遊びを楽しむ。 ・音がなると活動が活発になる。		ねらい ・力を抜いて体を預ける感覚を体験し、揺れる感覚を楽しむ。	
活動設定の理由 ・揺れるという感覚遊びをとおして、保育者とのふれあい遊びを楽しむ。		中心となる活動 ・タオルブランコ	

時間	環境構成	予想される子どもの活動	保育者の援助・留意点
10：00 10：15	・名前を呼んでバスタオルに一人ずつ寝かせる。 （図：保育者二人がバスタオルを持ち、子どもを寝かせている様子） ・歌に合わせて左右に揺らす。 ・歌が終わったら「ゆっさゆっさゆっさ」と3回上下に揺らしておしまいにする。	○タオルブランコを楽しむ ・歌が聞こえてくると保育者のほうを見る。 ・揺られる感覚を楽しむ。 ・上下に揺らされる感覚をとくに楽しむ。	・一人ずつ、名前を呼んでタオルに寝かせる。 ・「せーの」と始まりを告げてからスタートする。 ・寝るのを怖がる子は、バスタオルでくるんで保育者が抱っこして行う。 ・タオルブランコの下に子どもが入らないように注意する。 ・楽しいね、面白かったね、またやろうね、と気持ちを代弁する言葉かけをする。

【例:部分実習・時案】

0歳児あか組	5名 (男児3名／女児2名)	大学	南大学
期日	平成●年●月●日(●)	実習生名前	海野 航太

立案の際参考となる子どもの姿	ねらい
・興味のあるものに手を伸ばし、触ろうとする姿がよく見られるようになってきた。 ・一人でしっかり座れるようになった。	・バルーンの不思議な動きに興味をもち、色や風を楽しむ。

活動設定の理由	中心となる活動
・思い通りにならない動きと風を楽しむ。	・バルーン

時間	環境構成	予想される子どもの活動	保育者の援助・留意点
10:00 00:10	(図:バルーンを囲む子どもたち) ・子どもたちを一か所に集め、寝かせる。 ・音楽をかけ、音楽に合わせてバルーンを上下する。 ・曲が終わったらバルーンで子どもたちを包む。 ・2回目は自由に動きながらバルーンを楽しむ。	○バルーンを楽しむ ・バルーンの上下を楽しむ。 ・手を伸ばしたりしながら風や色を楽しむ。 ・2回目はつかもうとする姿が見られる。	・曲に合わせてゆっくりとバルーンを上下させる。 ・時々子どもたちの近くまでバルーンを下げてバリエーションをつける。 ・バルーンに夢中になってぶつかったり、歩く子が座っている子を踏んだりしないようにとくに注意する。 ・持ってみたい子には保育者が抱いて一緒に上下させる感覚を楽しむ。 ・2回目の最後はサッとバルーンを丸め、子どもたちの視界から消すようにする。

1歳児の保育

> **ポイント**
> ・1歳児の好奇心や関心を広げるようなかかわりをしましょう。
> ・場面に応じた声かけができるようになりましょう。
> ・1歳児の発達段階に合わせた遊びを考えましょう。

1 身体の発達

　1～2歳ごろが脳の発達が最も著しい時期で、さまざまな刺激が神経の発達に影響を与えます。運動機能の発達では、つかまり立ちやつたい歩きの状態から、手を離して少しの間独り立ちすることができるようになります。また、そこから足を踏み出すことによって一人歩きが可能になります。一人歩きによる行動範囲の拡大によって運動量も増え、筋力が発達します。上手に歩くことができるようになれば、小走りもできるようになります。立っている姿勢からしゃがんだり、立ち上がったりすることや、少しの段差をぴょんと両足をそろえて跳ぶようにもなります。全身を使ってボールを投げたりすることもできます。1歳半ごろになると、階段の昇り降りができるようになりますが、事故には十分な注意が必要です。また、1歳3か月ごろには一人で椅子に座ることができるよ

うになります。これは身体のバランスを支える筋力がついたことを意味します。

微細運動では、親指と人差し指を使って小さいものをつまむことができたり、積み木を2～3個重ねることができるようになります。また、スプーンやフォークを握って持てるようになると、自分で食べようとしたり、コップを持って飲み物を飲んだり、クレヨンを持たせるとなぐり書きをしたりと、道具の認識ができるようになります。

この時期は微細運動が発達することに伴い、右利き・左利きがはっきりしてきます。利き手は脳の運動神経の中枢部位によって決まるといわれていますが、無理に矯正する必要はありません。

2 人間関係

1歳ごろまでに愛着が形成されていれば、自分と養育者（主に母親）とそれ以外のものという関係性に広がります。自分が見ているものを保育者も見ているか、何度も保育者の視線を確かめようとしたり、「みてみて」と指差して注意を促します。同じものを見て、「かわいいね」「うれしいね」と共感することは、相手の意図を理解し、受け入れてそれに合わせた行動がとれるようになることを意味しますので、目線の高さを合わせて声かけをしてあげましょう。

また、同じ年代の子どもに興味が芽生え、じっと見つめたり自分から近づいていこうとする行動も見られます。自分と養育者以外の外の世界とかかわりを広げようとする大切な行動であり、好奇心や自

我の芽生えたことの表れです。横のつながりを広げる意味もありますので、抑制せずに一緒に「こんにちは」などの声かけをしてあげるようにしましょう。

3 言葉

　1歳になり発語がみられると、「まんま」「わんわん」などの単語のみの一語文から始まり、10〜20語と数を増やします。1歳半ごろから「まんま、ちょうだい」「わんわん、バイバイ」などの二語文を話すようになります。こちらの言う言葉もおおむね理解ができるようになり、うなずいたり首を振ったりすることで意思疎通ができます。まだ発音がはっきりしないことも多く、「ねんね、ちた」と赤ちゃん言葉になってしまう場合が多くあります。「そう、ねんね、したねー」と正しい発音をしてあげるように心がけましょう。

　個人差はありますが、言葉の発達が遅い子どもに対しては難聴ではないか、言葉に興味を示しているか、こちらが言う言葉を理解しているか、声を出すことができるかなどを注意深く観察しましょう。これらのことに問題がないようであれば心配ありません。少しでも気になる点があれば医療機関に相談するようにしましょう。

4 身辺自立

　離乳食は終了に近づき、1日3回の食事で大人と同じものが食べられるようになります。しかし栄養素を補うことと、水分を補給する目的でおやつは必要です。食に関心をもつと、「自分

で食べたい」という意思が見られます。自分でフォークやスプーンを持って食べたり、手づかみで食べたがりますが、上手に食べることができません。汚れることを気にして自分で食べることを制限することは避けましょう。つかみやすい食材を準備したり、エプロンや床にシートを敷くなど、環境を整えることが望ましいです。一方、食べることへの集中力が続かなかったり、食欲が日によって変わりやすいことから、「遊び食い」や「むら食い」「少食」などの問題行動も多く見られますが、叱ったり無理やり食べさせることは逆効果となります。食事時間中の会話を楽しんだり、「おいしいね」「上手に食べられたね」などの楽しい気分になる声かけができるように心がけましょう。

　また、1歳になるとそれまで「乳児ボツリヌス症」の危険性から食べられなかったはちみつが使用できます。また、歯の本数に合わせた食事形態にする工夫も必要です。食材の大きさや固さなどに注意することは、歯で物を噛む咀嚼（そしゃく）運動を促すことや、誤嚥（ごえん）や食物による窒息事故を防ぐことにもつながります。楽しく食べる心を育み、食に関心をもたせる食育の視点から、食事内容における栄養素のバランスや食事時間、食事環境には十分注意したいものです。

　排泄に関しては、1歳児では一日の回数が排尿で10～15回と大人に比べて多くなります。尿や便は健康状態を把握する重要な情報となりますので、性状、量、回数、色、においなどの観察をしましょう。異常があるときは、廃棄せずに医療機関を受診する際に持参するとよいでしょう。1歳半ごろになると、排尿前におむつに手をやったり、落ち着かなくなったりするなどの特有の行動が見られることがあります。これらのサインを見逃さずにトイレに誘うことは自立への援助につながります。失敗しても叱らず、上手にできたときは「すごいね」「できたね」とほめて自尊心を高めるようなかかわりをしましょう。

5 認知

　視力は1歳で0.2程度になり、周辺の空間の関係が認識できるようになります。また、1歳半ごろには物の輪郭などがはっきりと認識できるようになり、絵本を見たり、テレビをじっと見たりします。左右の目の動きを観察し、斜視がないか、視点を合わせられるかに注意しましょう。

　数量の概念は、1個かたくさんという区別ができるようになり、量が多いほうを取ろうとする行動も見られます。知能も急激に発達するため、好奇心が旺盛になり、「これなあに？」と何でも聞きたがります。どんなに忙しいときでも、手を止めてていねいに答えてあげる姿勢が大切です。また、こちらからの「これは何？」という質問に対して、簡単な答えを言うことができるようにもなります。

　また、自我が芽生えると「自分のもの」という意識も芽生えます。おもちゃの取り合いになったり、欲しいものをねだってぐずったりすることもあるでしょう。ときには激しく癇癪(かんしゃく)を起すこともあるかもしれません。一方的に叱りつけるのではなく、落ち着かせてから話して聞かせましょう。危ないことやしてはいけないことなどについても同様に、だめな理由をきちんと述べて、繰り返し納得がいくまで根気よく教えましょう。

6 遊び

　一人で歩くことができるようになると、手をつないでお散歩を楽しむことができます。日光浴を含め、外の空気や景色、自然を楽しむようなお散歩コースがよいですね。昼間にたくさん活動することで、夜もしっかり寝てくれるようになります。

　まねっこ遊びも大好きです。手を振って「バイバイ」のしぐさをしたり、手を出して「ちょうだい」など人の動きを真似するようになります。「じょうずじょうずは？」の質問にぱちぱち手をたたいたり、簡単な指示を認識し、行動することができるようになります。このような動きができるようになれば手遊び歌を喜ぶようになるでしょう。「むすんでひらいて」や「とんとんとんとんひげじいさん」など、歌に合わせて体を動かす遊びを取り入れましょう。

　運動機能が発達すると、使えるおもちゃの幅も広がります。ボール遊びや積み木遊び、手押し車など、発達段階に合わせておもちゃを選びましょう。絵本にも興味を示します。イラストは原色が多いもの、動物や食べ物など身近な題材のものが好まれます。繰り返し読み聞かせをすることが必要です。絵本は空想の世界を広げ、心の成長を促してくれます。小さいときに絵本の読み聞かせの経験が多いと、大人になってからもたくさん本を読む傾向があります。また、読み聞かせは心を穏やかに落ち着かせてくれる働きもあります。睡眠前やクールダウンしたいときなどに取り入れるとよいでしょう。

7　1歳児の指導案

【例：部分実習・時案】

1歳児つき組	8名 （男児4名／女児4名）	大学	なかよし大学
期日	平成●年●月●日（●）	実習生名前	夜空　星子

立案の際参考となる子どもの姿 ・転ばずに歩けるようになってきた。 ・他児の遊びに関心を示すようになってきた。	ねらい ・くぐる、またぐ、段を上る、下りるの簡単な運動をする。
活動設定の理由 ・楽しみながら全身運動をし、ゴールする達成感を味わう。	中心となる活動 ・サーキット

時間	環境構成	予想される子どもの活動	保育者の援助・留意点
10：00	［図：平均台、フープくぐり、ひもまたぎ、巧技台ジャンプ、マット、ビーチエアマット、保〕 ①ビーチエアマットで不安定な足場を歩く。 ②フープをくぐる。 ③平均台 ④ひもを2本またぐ。 ⑤2段の技巧台を登り、最後はジャンプ。 ⑥ゴールしたら保育者にギューをしてもらう。	○サーキットを楽しむ ・名前を呼ばれたら返事をする。 ・順番にサーキットに挑戦する。 ・できなくてもがんばろうとする。 ・ゴールをしたらみんなで拍手する。	・見本を見せる。 ・一人ずつ、名前を呼んでスタートする。 ・サーキットに挑戦する子どもの横には必ず保育者がつき、安全面に配慮する。 ・待っている子どもたちの安全面を配慮しながら、期待を高めるように「楽しそうだね」「できるかな～」と声をかけたり、応援したりする。 ・平均台やジャンプは、子どもの発達の個人差に合わせて挑戦を促す。できない場合はタッチで○、両脇を抱えて通過、高さを調節するなど、すべての障害物を通過させる。 ・最後は笑顔でギューをし、ゴールを一緒に喜ぶ。 ・時間によって2～3回挑戦し、様子を見ながら障害物の位置を変える。

【例：部分実習・時案】

1歳児あお組	10名 （男児4名／女児6名）	大学	青空大学
期日	平成●年●月●日（●）	実習生名前	空野　太陽

立案の際参考となる子どもの姿	ねらい
・描くことに興味が出てきている。 ・感覚遊びを楽しんでいる。	・絵の具や筆の感触を味わいながら、お絵かきを楽しむ。

活動設定の理由	中心となる活動
・いろいろな色や描画材を使うことを楽しみ、描くことの楽しさを味わう。	・フィンガーペインティング

時間	環境構成	予想される子どもの活動	保育者の援助・留意点
10：00		○フィンガーペイントを楽しむ ・描画材の感触を楽しむ。 ・色が変わる様子を楽しむ。 ・大きな紙に描くことを楽しみながら、気分を発散させる。	・子どもたちが興味をもつように、手形をつけて見本を示し、描画材で手をこちょこちょしてから色をつけて描いてみせる。 ・色が混ざる様子も見せる。 ・自分から描く様子がない子には、手に色をつけてあげたり、保育者が描く見本を見せて、活動への参加を促す。 ・手が汚れるのを嫌がったり、筆の感触を嫌がったりする感覚過敏の子どももいるため、無理強いはしない。 ・紙以外のところに描かないように注意する。 ・上手に描けたね、上手に描けたね、と達成感を得られるような声かけをする。
	・大きな紙を壁と床に用意し、ズレないように固定する。 ・紙よりも十分に大きいシートを敷く。 ・子どもには汚してもよい服を着用させる。 ・絵の具は浅くて平らなカップに用意し、筆、平バケ、ローラー、タンポも用意しておく。		
10：20		○片づけ ・絵の具や描画材を指定したトレイに片づける。	・片づけられたことをほめる。 ・次の活動を示し、切り替えをスムーズにする。
10：30			

2歳児の保育

ポイント
- 安心できる存在として子どもたちに寄り添いましょう。
- 活動に成功感・達成感をもたせ、次の活動への意欲に。
- 友達と一緒の楽しさを実感できるようにしましょう。

1 身体の発達

　2歳になると、かなり上手に自分の身体を支え、思い通りに動かすことができるようになります。斜めの姿勢でもバランスがとれるようになるのでボールを蹴ったり、ぴょんぴょんジャンプしたり、足を交互に出して階段が上れるようになります。身体を思い通りに動かせるようになることは運動能力の基礎となります。固定遊具で遊ぶなど、楽しみながら全身を動かす機会をつくりましょう。中にはまだ歩き方が不安定で、バランスをとる力が弱い子がいます。その場合は、棒をまたぐ運動をする、トランポリンで遊ぶ、お散歩コースに坂道を入れる、砂場やふわふわなマットの上で歩くことから始めるとよいでしょう。

　その他、「速い－ゆっくり」「強く－やさしく」など動きを調節できるようにもなります。音に合わせて体操したり、保育者の動きを真似する

遊びや活動をすることで、自分の身体を思い通りに動かす力をつけることができます。

手は、小指側の指にも力が入るようになり、指を上手に動かせるようになります。鉄棒につかまる力や、重いものをある程度の時間持ったままいることもできるようになります。ドアノブを回したり、果物の皮をむいたりもできるようになります。粘土をこねる動きもできるようになるので、小麦粉粘土でイメージを広げる遊びをするのもよいでしょう。

また紙を折ることもできるようになります。端と端をそろえるような細かいことは難しいですが、2、3工程で完成する折り紙を楽しむことができます。また、はさみやのりも使えるようになります。

さらに、クレヨンなどを指先で持つことができるようになります。にぎり持ちをしている場合は少しずつ持ち方を直していく必要がありますが、まずは自由に、書くことを十分に楽しんでもらいましょう。

2 人間関係

身体の発達が進むにつれ、自分でできることが増えてきます。それに伴って、「自分でしたい！」という気持ちが芽生え、"自分でできるもん！"という自己主張が始まったり、保育者の援助に対して怒ることがあります。その一方で、「やって」と甘える姿も見られるなど、子どもたちの態度に困惑することもあるかと思います。しかし、"どんなときでも受け入れてくれる人がいる"という安心できる環境で、子どもたちは自分の力を発揮することができます。保育者は、先回りして手出しをせずに、やってみたいという気持ちを尊重することが大切です。

2歳になると「せんせい、みててね」と言いながら、できることを披

露する行動がよく見られるようになります。ほめられてうれしい気持ちは、次もがんばろうという挑戦する気持ちにつながります。がんばる姿をしっかりと受け止め、十分に認めてあげましょう。また、悔しい思いをしたとき、悲しかったときにはまだまだ一人で気持ちを立て直すことができません。子どもたちの気持ちに共感しながら、ときには抱きしめたりなぐさめたりする必要があります。あまり自分でできることは自分でしなさいとしすぎず、甘えられる存在、安心できる存在であり続けることも大切です。

　友達の存在も意識しはじめ、自分の物と友達の物の区別ができるようになります。まだまだ子ども同士で遊ぶことは難しいですが、"一緒だと楽しい"気持ちは芽生えてきます。全員で活動の内容を楽しむというよりは、好きなお友達と一緒にいること自体や雰囲気を楽しんでいます。保育者がいるという安心できる環境の中で、子ども同士が"一緒にやること"の楽しさを実感できるような活動を考えていきましょう。また、自己主張をするようになるため、友達と気持ちがぶつかり合ったり、おもちゃの取り合いなどのトラブルが増えてきます。トラブルは自分とは違う他者の存在や気持ちを実感する大切な経験です。先回りしてトラブルを回避するよりも、トラブルに上手に対処するほうが子どもたちの発達を促すかかわり方といえます。

　その他、生活の中の簡単なルールを理解しはじめます。少しずつ園生活のルールを教えていきましょう。

3　言葉

　2歳になると、ほとんどの子どもたちは二語文が話せるようになっており、しだいに三語文が出はじめます。接続詞は難しいですが、赤い車

をみて「あかい　ブーブ　いる」というように、言いたいことを伝えられるようになりますし、大人にも何が言いたいのかがわかる話し方ができるようになります。ただし、まだまだ間違いが多いのがこの時期の子どもたちのお話です。先ほどのお話の場合では「いる、じゃないでしょ。ある、でしょ」というように、間違いを指摘する必要はありません。子どもたちは自然に正しい言い方を学んでいきますから、「本当だ、赤いブーブがとまっているね」と、正しい言い方で返してあげるだけで十分です。また、話をしたそうにしている子どもには、目を合わせ「どうしたの？」と保育者から声をかけてあげましょう。じっくり話を聞き、子どもの言葉を反復し、聞いてもらえた満足感を味わわせることが大切です。さらに、たくさんお話したいことがあると「あのね、あのね……」とうまく言葉にできないこともあります。そんなときは「○○なのね」と代弁してあげます。いずれの場合も、保育者は"正しい言い方で返してあげる"かかわり方をするとよいでしょう。

　この時期の子どもたちは、爆発的に語彙を増やしていきます。それに伴って、「なに？」と指をさしながら聞くことも多くなります。どれをさしているかあいまいなときは必ず名前を聞いている物を確かめ、「○○だよ」と正しく答えてあげましょう。また、知っているものでも指でさして質問をして、保育者に答えてもらうというやりとり自体を楽しんでいることもあります。一度に複数の子どもたちを保育している最中では難しいこともありますが、なるべく質問に答えてあげられるとよいでしょう。そのような体験が"お話するって楽しいな""もっとお話したいな"という気持ちにつながり、言葉の発達を促します。

　物の名前だけでなく「きれい」「おいしい」といった形容詞や気持ちも表現できるようになります。形容詞や気持ちは実体のないものなので、「これなに？」と子どもたちから質問されることはありません。「きれいだね」「楽しいね」「嫌だったね」とその場にあった言葉で代弁してあげ

ることで、状況や気持ちに名前をつけてあげましょう。それらの言葉を習得すると、子どもたちから「きれいだね」「かわいいね」と共感を求めてくるようになります。しっかり受け止めてその雰囲気を一緒に楽しみましょう。また、悲しみや怒りなどのネガティブな感情を表す言葉を身につけることで、気持ちのコントロールが上手になることや、手が出ることが少なくなることがあります。泣いていたり、ケンカをしている子どもたちに対しては「嫌だったんだよね」「悔しかったね」などと言いながら共感してあげましょう。

　その他、自分の名前や性別を理解するようになります。朝の会でみんなの前で名前を発表するという活動を取り入れるのもよいでしょう。

4　身辺自立

　括約筋が働いてトイレが自立できるようになります。「おしっこ」「うんち」と言葉で教えてくれ、パンツも脱げるようになるので、一人でトイレに行くことも徐々に可能になります。しかし、紙でふく行為は十分にできませんので、付き添ってチェックしてあげましょう。また、我慢しすぎてしまう子がいたり、遊びに夢中になっていると失敗してしまうこともあります。活動の区切りでトイレに誘ってトイレに行くことを習慣づけたり、時間をみて一人ひとり誘ってあげる援助も必要です。

　指が上手に使えるようになるので、スプーンやフォークを使ってこぼさないで一人で食べられるようになります。上手に食べられるようになったら、口に食べ物を入れてしゃべらないなど、食事のマナーも指導しはじめ、徐々におはしの練習も始めるとよいでしょう。ただし、きれいに食べることやおはしの使

い方に気をとられすぎてはいけません。楽しく食事をすることも食育の一環です。「おいしいね」と声をかけながら、全部食べられたときにはほめることも忘れずにしましょう。

　1日の睡眠時間の目安は11～12時間です。そのうち午睡は1～2時間なので、たくさん遊んでしっかり眠れるようにしましょう。眠らない子も少しずつでてきますが、入眠の準備をみんなと一緒にし、休息のために横になるように環境を整えましょう。

　その他、大きいボタンをはめられるようになったり、靴を自分ではけるようになったりと衣服の脱着が自立してきます。自分でやりたい時期でもありますので、複雑な装飾のある服は避け、前後の確認など必要な声かけをして成功する感覚を味わわせてあげましょう。

5　認知

　言葉の獲得に伴い、大人の喜怒哀楽の表情の理解や大小・長短・高低の順に概念を獲得していきます。赤・青・黄色の色や丸・三角・四角の図形の名前も正確に理解できるようにもなります。また、2つの数字や二語文を少しの間覚えておくことができるようになるので、「赤い折り紙で遊ぼう」「うさぎの絵のボール取ってきて」とお手伝いをお願いするなど、保育の中で概念を獲得していけるような声かけをしましょう。

　また、目と手の協応といって、目でとらえたものに合わせて自分の動きを調節する力もついてきます。力を調整して積み木を10個積みあげることができるようになったり、○や直線の簡単な図形を真似て書くこともできるようになります。中には思い通りに形を書くことができない子もいますので、なぞり書きや「★と★つなごう」といった援助をしましょう。活動で達成感を得られる工夫をすることが大切です。

6 遊び

　室内ではお絵かきや粘土遊び、見立て遊びが始まります。子どもたちが自分のイメージの世界を自由に表現できる環境を整えましょう。絵本は、物の名前を確認したり、「かわいいね」「すごいね」と気持ちを伝えたり、1歳までとは違った楽しみ方ができるようになります。絵本を使って、自然に言葉や概念の獲得を促しましょう。

　この時期の子どもたちは、とにかく身体を使った遊びは大好きです。追いかけっこをするのもよいでしょう。追いかけっこで逃げるのも、相手の動きに注目して自分の動きを調節する力を鍛えます。上手にできるようになったら、しっぽとりゲームに発展させていくのもよいと思います。ただし、子ども同士では遊びを展開できません。保育者がオニになり、子どもたちが全員同じ動きをするようにすると楽しく遊べます。

　平均台、棒またぎ、台からジャンプ、マットの上をゴロゴロなどを順番に並べたサーキットができるようになります。子どもたちができる動き、身につけたい動きに合った課題を並べておきます。ゴールする達成感を味わい、楽しみながら運動機能を伸ばしてあげましょう。

　はさみやのり、クレヨンなどが使えるようになることで、制作活動の幅がぐんと広がります。道具を使うときは、口や目に入れないようになどの安全面の配慮を忘れないようにしましょう。とくにはさみはケガのないように注意が必要です。はさみは"チョッキン"と一回で切れる課題、のりは自分で押さえながらのりづけできる大きさのものが基本です。紙も十分な大きさのものを用意してあげましょう。そして完成したものを「できたね」「じょうずだね」とほめて、一緒に達成感を味わって活動を終わらせるようにしましょう。

7　2歳児の指導案

【例：部分実習・時案】

2歳児もも組	14名 （男児6名／女児8名）	大学	青空大学
期日	平成●年●月●日（●）	実習生名前	実習　太郎

立案の際参考となる子どもの姿		ねらい	
・自分の物と他児の物の区別をし、自分のものにこだわる姿が見られる。 ・音楽や音がなるおもちゃを好む子が多い。		・自分の楽器をつくり、みんなで音に合わせて演奏することを楽しむ。	
活動設定の理由		中心となる活動	
・自分の物をつくる達成感を味わう。 ・リズムに乗る楽しみを味わう。		・三角マラカスをつくる。	

時間	環境構成	予想される子どもの活動	保育者の援助・留意点
10：00	材料／保 （机の配置図） 用意するもの ・トイレットペーパーの芯 ・大豆 ・シール	○「きょうはマラカスのひ」（著者：樋勝朋巳）の絵本を楽しむ。 ・話を聞く。 ・三角マラカスを見る。 ・音を聞く。	・絵本のセリフに合わせてマラカスを振って音を出す。 ・マラカスに興味をもつようにし、次の活動につなげる。
10：10	（三角マラカスの図） ・片側をつぶしてホッチキスで止め、上からカラーテープを貼っておく。 ・カラーシールはあらかじめ一人分を用意しておく。	○三角マラカスをつくる。 ・トイレットペーパーの芯とシールを受け取る。 ・好きなようにシールを貼る。 ・シールが貼れた子から大豆をもらいに行く。	・どのように貼ってもよいことを伝える。 ・他児のシールを取ってしまわないか注意する。 ・どこに貼ったらよいか迷っている子には保育者の見本を見せたり、「ここは？」などと言って貼ることを促す。

時刻			
	・大豆はカップに一人分ずつ用意しておく。 ・最初に留めておいた部分を縦にし、横につぶしてホッチキスで留め、カラーテープを貼る。 ・テープはあらかじめトイレットペーパーの芯の長さに合わせて用意しておく。	・大豆を入れ、保育者にふたをしてもらう。 ・好きなように音を試して遊ぶ。	・大豆をこぼさず入れるように見守る。 ・完成したことを一緒に喜ぶ。 ・完成品に名前を書いて、誰のものかわかるようにする。
10:30	音楽をかける	○歌に合わせて三角マラカスを振って楽しむ。	・音楽に合わせて楽しそうに歌いながら、マラカスを振る。 ・マラカスを振らない子には手をとって一緒にマラカスを振ったり、リズミカルに体を動かすなど、リズムに乗る楽しみを味わうように促す。
10:40		○片づけ	・自分のカバンにしまうように声をかける。 ・なかなか手放せない子には次の活動を示し、しまうように促す。

3歳児以降の保育

ポイント
- 仲間を意識できる活動や、イメージを表現できる活動を考えましょう。
- 説明は「言葉＋絵や動きの補助」を使ってしましょう。
- 身辺自立はしていても、点検・確認をしましょう。

1 身体の発達

2歳まででおおよその全身の機能（粗大運動）にかかわる機能が完成し、3歳児以降はより複雑な動き、細かい動きができるようになります。3歳児以上のおおよその身体の発達は表3-1のようになっています。

表3-1　3歳児以降の身体の発達

3歳児	三輪車に乗れるようになる・鉄棒にぶら下がる（少しの間）・目標まで走る・連続で"ケンパー"で跳べる
4歳児	でんぐり返りをする・2つの動きを1つの運動としてまとめられる・ボールを投げたり受けたりする
5歳児	跳び箱が跳べるようになる・ちょうちょ結びができるようになる・縄跳びができるようになる

3歳児は目をつぶって歩く、後ろ向きで歩く、横歩き、つま先歩きと

いった動きも可能になるので、ダンスや体操でできる動きのレパートリーが広がります。ボールは両手投げで、頭上から投げます。そのため、まだ正確に相手に向かって投げることはできませんが、"目標をとらえてそこに向かって投げる気持ち"はあります。

4歳児になると、さらに自分の身体をうまく使えるようになり、"〜シナガラ〜スル"という動きができるようになります。例えば、ケンケンで前に進む、「いち、にの、さん」のタイミングに合わせて遠くにジャンプしたりボールを蹴る、リズムに合わせて動くといった2つの動きを1つにまとめることができるようになります。また、バランスをとることもうまくなります。

5歳児は鉄棒で前回りや逆上がりができるようになったり、うんていを渡れるようになります。また、のぼり棒を登ったり、ジャングルジムを登り降りできたりと、手と足を協応させて、上手に自分の動きを調整できるようになります。このころになると、キャッチボールも子ども同士でうまくできるようになります。

運動機能ではできることの個人差が大きいので、一人ひとりに対応した援助が必要です。とくにバランスをとる能力は経験によって差がでるため、苦手な子にはそっとサポートしてあげましょう。また、子どもが新しくできるようになったことは一緒に喜び、できなくてもがんばったこと、しようとした過程を認め、ほめてあげましょう。中には縄跳びや跳び箱など、自信がない運動を「やりたくない」「できない」と言う子もいます。その場合も否定的な態度をとらず、受け止めます。そしてその子どもなりにがんばれる範囲で活動に参加させ、それができたらほめてあげましょう。

2 人間関係

2歳までの子どもたちは、愛着対象の母親や安心できる保育者といった大人との1対1の関係を築いてきましたが、3歳以降は徐々に子ども同士、そして"みんな"との関係をつくれるようになっていきます。3歳児以降の人間関係は表3-2のように整理することができます。

表3-2 3歳児以降の人間関係の発達

3歳児	譲り合い・思いやり・自己制御力を身につけはじめる・喜怒哀楽を獲得する・気の合う友達ができる
4歳児	順番を待つことができるようになる・勝敗を意識する・イメージを共有して共同的な遊びをするようになる
5歳児	感情をコントロールできるようになる・友達とのケンカを話し合いで解決する・新しくルールをつくり、それを守って遊ぶことができる

3歳児の人間関係はまだ1対1の関係が主ですが、徐々にクラスの仲間を意識するようになり、"お気に入り"の友達ができます。そして「一緒に○○しよう」と遊びに誘う姿が見られます。子ども同士のかかわりが増えることで、思い通りにいかないことも増え、おもちゃの取り合いなどのケンカも増えます。子どもたちはこの経験をとおして譲り合う・思いやる・我慢する・謝るといった社会性を身につけ、また感情をコントロールできるようになります。ですから、保育者はケンカにならないような環境構成を考えることも大切ですが、ケンカが起きた後に子

どもたちにどうかかわり、どのような援助をするかもとても大切です。

4歳になると数人で一緒に重いものを運ぶなど、力を合わせて何かをするということもできるよう

になります。その他、クラスの友達とのケンカは我慢できませんが、自分より年下の子には怒らなかったり譲ってあげたりできるようになります。しかし、まだまだ自分で処理できない感情が多いため、不安になったりするときは安心できる大人に甘えてきます。甘えたい気持ちもやさしく受け止めてあげると安心し、活動に戻っていきます。みずから立ち直るのを待ってあげましょう。

5歳になると友達と喜怒哀楽も共有し、仲間意識もぐんと増します。他の人にも心があることに気づき、他者の心を理解した行動がとれるようにもなります。これを「心の理論の獲得」といいます。女児のほうが獲得が早いですが、男児もおおよそこのくらいの時期には獲得しています。ルールを守る遊びや共同する活動を設定し、集団の中で上手に生活するスキルを伸ばしましょう。

3 言葉

3歳を過ぎると、子どもたちは大人と普通に会話ができます。語彙数は3歳で1000語、4歳で1500語、5歳で2000語は獲得するといわれています。そして徐々に相手に合わせた話し方や、時間に沿った話し方ができるようになります。3歳児以降の言葉の発達は表3-3のようにまとめられます。

表3-3 3歳児以降の言葉の発達

3歳児	一人称や二人称を理解して使えるようになる・友達や保育者の話を最後まで聞くことができる・問いと答えの関係が成立する
4歳児	意思や要求などを相手にわかるように話す・文字や数字に興味をもち、書こうとする・過去や未来を表現する言葉を使う
5歳児	他者の気持ちを代弁しようとする・しりとりやなぞなぞで遊ぶ・「だって」と主張ができるようになる・接続詞を使って複文で話せるようになる

3歳くらいの子どもは、「なぜ?」「どうして?」をよく質問すること

があります。これには聞くこと（やりとり）を楽しんでいる面もあるので、答えがわからなくても「不思議だね」「○○なのかなぁ」と会話を続けてあげましょう。このころになると、話を最後まで聞いて指示に従うことができるようになります。"聞きながら場面をイメージする"力がついてくるためですが、子どもにとっては簡単なことではありません。指示は短い文で具体的に出してあげましょう。絵や動作でイメージしやすくしてあげる工夫も必要です。

4歳児になると日常生活に必要な言葉は一通り身につきます。この時期までの子どもたちには、自分に向かって話しかけているような独り言がみられることがあります。まだ頭の中だけで思考を整理することができないために、考えていることや動作がすべて口に出てしまうのです。これは徐々に消えていきますので、あまり気にしなくも大丈夫です。

5歳になると言葉のしくみに気づき、しりとり、なぞなぞなどを楽しみます。5歳になると就学に向けてひらがなやカタカナの練習をする園もあると思います。自分の名前、好きなものといった子どもの興味がある文字から書けるようにするなど楽しく学べる工夫をしましょう。

4 身辺自立

3歳児以降の身辺自立の発達は、表3-4のように整理することができ

表3-4　3歳児以降の身辺自立の発達

3歳児	片手で食器を持ち、おはしを使って食事ができる・ズボンを一人であげられるようになる・ぶくぶくうがいができる・お風呂である程度自分の身体が洗える
4歳児	生活の見通しをもってトイレに行ける・一人で着衣ができる・物を分類して片づけられる・歯ブラシの使い方がわかる・信号機を見て正しく道路をわたることができる
5歳児	午睡を必要としない子がほとんどになる・おねしょをすることが減る・服の脱着が一人でできる・身だしなみに気をつかう・自分で洗髪できる

ます。

　3歳で基本的な生活に必要な行動のほとんどを身につけることができます。ただし、時間がかかったり、完璧でなかったりします。がんばろうとしている子どもの気持ちとペースを大事にできるとよいでしょう。トイレでの紙ふき、排泄、入浴、はみがきなど確実ではないことも多いので、細かい部分は介助するなど見守りが必要です。

　4歳になれば、基本的生活習慣は一通り身についてきます。一人でできるようになったら、規則正しい生活習慣を身につける援助や、一日の流れを見通して自分で動けるような援助を行いましょう。一見、自分で身の回りのことができるようになっていても手抜きになっていたり、わざとやらない場合があります。点検や声かけが重要です。

5 認知

　3歳になると大小・長短・多少・高低の概念が身につき、比較して順番に並べることもできるようになります。また、イメージする力もついてくるので、ごっこ遊びが盛んになります。ただし、3歳前後ではまだ想像と現実の世界が混同してしまうこともあります。ヒーローになりきって危ない行動をしてしまうこともあるので、注意しましょう。

　3歳くらいから数字に興味をもちはじめます。しかし、数唱はできてもモノと対応させてかぞえられるのは3つ程度です。4歳になると10個くらいまで対応させてかぞえることができます。5歳になると正しい助数詞をつけてかぞえることができます。例えば「5個ちょうだい」「今日のおやつは2つずつね」など、日常生活の中で数を意識できるよ

うな声かけをするとよいでしょう。

その他、4歳くらいから「イヌとネコは動物」というような上位概念ができはじめます。3歳児以降の認知の発達については表3-5に整理しておきます。

表3-5　3歳児以降の認知の発達

3歳児	10くらいまでの数唱ができる・上下左右の空間把握ができる・3つのことを覚えておくことができる
4歳児	数や文字に関心をもつ・生活に結びついた時刻に興味をもつ・4つのことを覚えておくことができる・長期にわたる記憶の力が増す
5歳児	助数詞が使える・右と左を間違えなくなる・"真ん中"を理解できるようになる

6 遊び

3歳児以降の遊びについて、表3-6にまとめます。認知のところでも書きましたが、3歳児になるとイメージすることがうまくなります。それに伴って、ごっこ遊びが増え、絵も自分がイメージするものに近いものが描けるようになります。しかし、中にはイメージする力が弱い子もいます。例えば、制作やお絵かきの場面で手が止まっているような子には、何をつくろう（描こう）としているか確認し、実物や写真を見せたり、「○○の部分の形はどんなだったかな」とイメージしやすくする工夫をするとよいでしょう。

表3-6　3歳児以降の遊び

3歳児	人物像は頭足人を描く・簡単な童謡を歌う・男女で遊びの好みが異なってくる・30分くらい好きな遊びをすることができる・ごっこ遊びを好む
4歳児	自分のイメージを表現するために工夫してつくったり描いたりする・リズムの変化を理解する・はさみで円を切ることができる
5歳児	共通のイメージをもって共同制作ができる・劇遊びなどをする・演技をすることができる

4歳ごろになると動きを制御する力がつくため、リズムに合わせた体操やダンスが上手にできるようになります。走る・ジャンプするなどを音やリズムに合わせて身体を動かす遊びや、カスタネットや太鼓などの楽器の演奏も楽しめます。また、子どもたちは"でたらめ歌"を歌っていることもあります。そんなときは一緒に歌い、表現する楽しさを実感できるようにすると、その他の活動でものびのびと自分を表現できるようになるでしょう。

　「男－女」という概念を理解することもあり、好む遊びが男女で異なったり、色にこだわったりすることもあります。活動の計画を立てるときは、男女どちらも楽しめる活動を考えましょう。5歳になればみんなで話し合って決めることもできるので、何がしたいか、ルールはどうするかを話し合ってもらうのもよいでしょう。

7 異年齢保育（3～5歳児）の指導案

【例：部分実習・時案】

りんご組 （3～5歳の縦割り クラス）	28名（男児12名／女児16 名、3歳児8名／4歳児10 名／5歳児10名）	大学	花畑大学
期日	平成●年●月●日（●）	実習生名前	実習　花子
立案の際参考となる子どもの姿 ・年長児が自分よりも年下の子の世話をしている姿が見られる。 ・一方で年下の子をゲームに参加させない言動が一部の子どもたちに見られる。 ・身体を動かす活動はみんなで楽しむことができる。		ねらい ・異年齢のペアでの遊びを楽しむ。 ・勝敗を楽しむ。	
活動設定の理由 ・協力して戦うことの楽しさを体験する。 ・身体を動かして楽しむ。		中心となる活動 ・新聞紙玉入れ	
時間	環境構成	予想される子どもの活動	保育者の援助・留意点
10：00	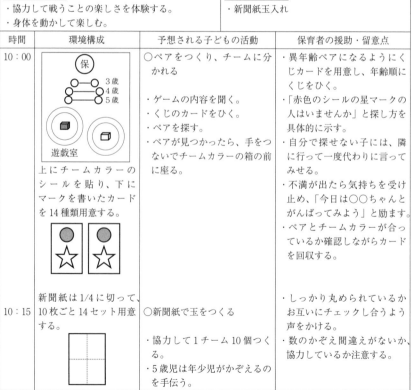上にチームカラーのシールを貼り、下にマークを書いたカードを14種類用意する。 新聞紙は1/4に切って、10枚ごと14セット用意する。	○ペアをつくり、チームに分かれる ・ゲームの内容を聞く。 ・くじのカードをひく。 ・ペアを探す。 ・ペアが見つかったら、手をつないでチームカラーの箱の前に座る。 ○新聞紙で玉をつくる ・協力して1チーム10個つくる。 ・5歳児は年少児がかぞえるのを手伝う。	・異年齢ペアになるようにくじカードを用意し、年齢順にくじをひく。 ・「赤色のシールの星マークの人はいませんか」と探し方を具体的に示す。 ・自分で探せない子には、隣に行って一度代わりに言ってみせる。 ・不満が出たら気持ちを受け止め、「今日は○○ちゃんとがんばってみよう」と励ます。 ・ペアとチームカラーが合っているか確認しながらカードを回収する。 ・しっかり丸められているかお互いにチェックし合うよう声をかける。 ・数のかぞえ間違えがないか、協力しているか注意する。
10：15				

	・3歳児は内側の円から投げる。 ・投げる人は帽子をかぶる。 ・最初の持ち玉は10個。なくなったら渡す人が拾いに行く。 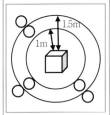 1ゲーム2分とする。 1回戦：年少 2回戦：年長 3回戦：相談	○新聞紙玉入れを楽しむ ・協力して玉を入れようとがんばる。 ・役割を意識しながらゲームを楽しむ。 ・入った玉の数をみんなでかぞえる。 ・勝敗を楽しむ。 ・3回戦はどうしたら楽しいか、年長児を中心に案を出す。	・保育者二人が玉を投げる人と拾って渡す人で役割を分けて、玉入れをする見本を見せる。 ・ルールが守れているかチェックし、守れていない子には近くに行って注意する。次の対戦前に再度ルールをみんなで確認する。 ・子どもたちのかぞえる声に合わせて玉を投げる。 ・負けたチームも次の対戦でがんばれるような声かけをする。 ・対戦前に持ち玉が10個あるか確認する。 ・1回戦をやってみて、子どもたちの様子でゲーム時間を調節する。 ・3回戦目の案はなるべく多くの子どもたちの意見を聞いてから決定する。
10：45		○勝敗の発表 ・勝ったチームはペアでハイタッチ。 ・負けたチームにも拍手する。	・負けを受け入れられない子には、悔しい気持ちに共感し、次の活動に向けて気持ちを切り替えられるように援助する。
10：50		○片づけ ・新聞紙をゴミ袋の中に入れる。	・全員で片づけに参加するように指示を出す。 ・遊んでいる子や、片づけに参加していない子には玉を手渡しし、袋に入れるように具体的な行動を指示する。

気になる子の保育

> **ポイント**
> ・「気になる子」についての知識や行動を理解しましょう。
> ・子ども一人ひとりの特性に合わせた保育や支援を考えましょう。
> ・「気になる子」への具体的な保育実践に活かしましょう。

1 身体の発達

▶ 年齢に応じた発達

　保育者が気になる子だと感じるきっかけは、「普通は○歳になると〜ができるのに」など、集団でみられる他の子どもの様子と違う点に気づいたときなどです（表3-7）。身体の発達では、脳神経系の発達に伴い運動機能も向上していきます。

▶ 各年齢に応じた身体の発達の特徴

　「気になる子」と保育者が感じる背景の1つに、身体の発達の遅れが考えられます。「気になる子」は、その年齢ごとにみられるはずの発達の様子がみられないことがあります。身体の使い方やバランス感覚がぎこちない子どもや、手先の不器用さなどが目立つ子どももいます。

表3-7 「気になる子ども」に対する認識

どのような子どもを「気になる子ども」と捉えるか	出 典
「落ち着きがない」 「感情を上手くコントロールできない」 「他の子どもとトラブルが多い」	本郷一夫『保育の場における「気になる」子どもの理解と対応』ブレーン出版、2006年
「発達障害や軽度の知的障害の特徴を持っているが、診断が不明である」	無藤隆ら『「気になる子」の保育と就学支援』東洋館出版社、2005年
「話を聞けない」 「多動で落ち着きがない」 「きれやすい」 「未熟な生活習慣」 「集団活動が苦手」 「感情が不安定」	池田友美ら「保育所における気になる子どもの特徴と保育上の問題点に関する調査研究」『小児保健研究』66、pp.815-820、2007年
「発達相談を受けている」 「ことばの教室に通っている」 「今後、発達相談につなげていきたい」 「支援機関や相談機関につなげるほどではないが、どこか気になる」 「療育教室に通っていない」 「明確な診断がついていない」	川越奈津子・鈴木万喜子・郷間安美子・郷間英世「幼児期における『気になる子ども』の行動特徴」『特別支援教育臨床実践センター年報』7、pp.93-107、2017年

　保育場面で行動や様子が「気になる」子について、身体的発達を確認することは大切です（表3-8）。個人差はありますが、それぞれ子どもの身体発達に合わせた保育計画を立てていくことが大切です。子どもの過去や現在の発達の様子について確認し、身体の発達段階に合わせた遊び方やかかわり方を踏まえて保育計画を考えましょう。

2　人間関係

▶愛着（アタッチメント）

　乳幼児期の愛着（アタッチメント）という情緒的な絆のあり方が、その後の人間関係に影響を与えるといわれています。2歳くらいになると、子どもは歩いていろいろ動き回れるようになり、行動範囲が広くなりま

表3-8　子どもの各年齢における身体の発達

0〜1歳				1歳〜1歳2か月くらい	1歳半〜1歳8か月くらい	2歳くらい	3歳くらい	4歳くらい	5歳くらい	6歳
生後3か月〜4か月ごろ	生後5か月〜6か月ごろ	生後6か月〜7か月ごろ	生後9か月〜10か月ごろ							
・首がすわる	・寝返りをする	・おすわりをする	・親指を使って小さなものをつかむ ・つかまり立ちをする ・はいはいをする	・なぐり描きができる ・階段をはって上る ・（ぎこちないが）ひとり歩きをする	・積み木を2〜3個重ねる ・音楽に合わせて全身を動かす	・本のページを一枚ずつめくる ・ボールをける ・階段をつかまりながら上り降りできる ・両足でジャンプする	・丸を描ける ・ブランコに立って乗る ・三輪車に乗れる	・正方形を描ける ・片足でケンケンできる ・でんぐり返しができる	・ひもをかた結びで結べる ・スキップができる	・通常の運動が一通り可能となる

加藤忠明・岩田力（編著）『図表で学ぶ子どもの保健Ⅰ』建帛社，2010年より筆者改変

す。子どもが不安に感じたときに、養育者が子どもにとって安心できる「安全基地」のような存在になれるかどうかがポイントとなります。愛着が安定している子どもは、さまざまなことにチャレンジするようになっていきます。一方で、人見知りや不安が強かったり、後追いなどが見られなかったりする子どもは保育者にとって気になる存在となります。その背景には、愛着のあり方や心身の発達のゆっくりさなどが考えられます。まずは子どもが安心できるような声のかけ方やかかわり方を心がけます。また、子どもが興味をもって楽しめそうな環境づくりも大切です。

▶ 視線が合わない、表情が乏しい子ども

　周囲の状況と関係ないことを一方的にしゃべったり、興味や関心の幅が狭く、いつも一人で同じ遊びをずっと繰り返したりするなど、生活場面の切り替えが難しい子どもがいます。集団行動に参加できなかったり、他の子どもとうまくかかわれず、一緒に喜んだりするなどの感情的な交流も苦手であったりします。そのような子どもに対しては、活動の流れを事前にわかりやすい方法（例えば絵カードなど）で伝え、見通しを立

てて過ごせるような工夫をすることが有効であったりします。また、子どもの気持ちが混乱したときに、自分の気持ちを落ち着かせる方法をあらかじめ子どもと保育者・家庭と確認しておき、子ども自身で状況に対応できるようにしていくことも有効な場合があります。

▶ 落ち着きのない子ども、我慢ができない子ども

「話を聴けない」「動きが激しく落ち着きがない」なども、保育者の「気になる子ども」です。背景に、養育の環境で子どもにストレスがかかっている場合があります。そのような場合は、家庭の話をしっかりと聞き、子どもが落ち着けるような環境になるよう援助していくようにします。また、注意・集中などの脳の働きの障害が背景にある場合があります。周囲の刺激に敏感に反応してしまわないように、居室の刺激（音や目に見えるもの）を最小限に整理して、子どもにとって、活動に取り組みやすく、注意が持続するような環境をつくることが有効です。

3　言葉

▶ 言葉を話すために必要なこと

言葉は一般に、年齢に応じて発達していきます。通常の言葉の発達時期には個人差があり、クラスにいる子どもたちそれぞれの発達の様子はさまざまです。とくに1～3歳までは個人差が目立ちます。子どもは一般に、1～2歳くらいになると、話し言葉でのコミュニケーションができるようになります。

言葉を話すための土台がきちんとできているかという点も大切なポイントです。例えば、言葉が出る前の時期である生後10か月から12か月ごろに①自分が持っているものを手渡したり、見せに来たりする、②指差しや身ぶりなどで相手に意思を伝えることができる、③指差しをして、

伝えたい相手の顔を見る、などの人とのかかわりの土台となる行動が現れるかどうかが手がかりとなります。

▶ 言葉の遅れに気づいたら

　1歳半くらいまでに意味のある言葉が2つ以上出なかったり、簡単な指示の理解ができなかったりする場合は、言葉の発達の遅れの可能性があります。また、3歳くらいまでに「おちゃ　のむ」などの二語文が出ない場合も、言葉の発達の遅れがあるといえます。その後、育っていく中で遅れが目立たなくなった場合は、言葉の発達のスピードが他の子どもよりゆっくりであったという個人差として理解できますが、そうでない場合、発達の障害や聴覚障害の可能性があり、医師や専門家による治療や療育の必要性について検討されます。

　子どもとのかかわりで注意することとしては、無理に言葉を言わせないこと、慣れさせようとしてやみくもにたくさんの言葉をかけないことがあげられます。ゆっくり、はっきり、わかりやすい声で話しかける、絵カードなどで視覚的にアプローチするなど、言葉以外の補助的手段を用いるなどしてみましょう。その子どもの人とかかわりたいという気持ちを大切にしましょう。

4　身辺自立

▶ 衣服の着脱

　子どもが一人で衣服を着替えられるようになるのは3歳くらいです。中には、前後ろや表裏逆に気づかなかったり、ボタンをかけることができなかったりする子どももいるかもしれません。保育者は一人ひとりの子どもの

▶ 食事

　机の上にナフキンを広げたり、コップやおはしを並べたりすることが難しい場合があります。好き嫌いが激しかったり、よく噛まずに飲み込んだり、おはしやスプーンで食べ物を口に運ぶのが難しかったりする子どもがいます。また、落ち着いて食べることが難しく、常に足や体が動いていたり、他のことに気をとられて食べるのが遅くなってしまったりする子どももいます。保育者は願いや期待をもって子どもに接し、食べることに集中できるような声かけをするなどのかかわりが大切です。

▶ 排泄

　排泄の自立の時期に関しては、個人差が大きいので一概にはいえません。おおむね1歳くらいからトイレットトレーニングが始まりますが、自分で排泄したことを意識することや、保育者に排泄したことを伝えることが難しい場合があります。保育者は、失敗を怒ることなく、余裕をもって根気よく取り組むことが大切となります。また、家以外のトイレを嫌がる子どももいます。その場合は、家と比べてどのような違いがあるのかを考えて、その理由に対する工夫が必要になってくるかもしれません。

5　認知

▶ 認知の発達に合わせた周りへの働きかけ方

　アメリカの心理学者マレーは、人間は新たな刺激に対してそれを求めて行動し、それに慣れてしまうと次の新しい刺激を探すという傾向があ

るとしています。そして、そのとき最も発達している認知の部分を使って探すとしています。このような欲求を「内発的欲求」と呼び、認知の発達にあわせて以下のように整理できます（表3-9）。

表3-9 認知の発達や興味の変化による活動の発達

Ⅰ	感性欲求	新生児期から認められ、口、目、皮膚といった感覚器官を使って探索を行う。
Ⅱ	操作・運動欲求	手や足の運動器官を使って探索を行う。
Ⅲ	好奇欲求	想像力が発達してくると、自分が考えたり、イメージしたものを基に試行錯誤することを好むようになる。
Ⅳ	認知欲求	脳の認知機能がさらに発達してくると、情報を集め、理解し、さらにそれを基にした創造的な活動を好むようになる。

新井邦二郎（編著）『図でわかる発達心理学』福村出版、1997年より作成

子どもの認知や興味に合わせた保育計画

　子どもたちの園生活を見てみると、周りの環境や状況に対して非常に不安が高く、消極的で周りに合わせすぎてしまう子どもがいます。自分のやり方にこだわり、周りの状況とうまく合わせられず、心を閉ざしたかのように周りをシャットアウトしてしまう子どももいます。保育者は、本人や周りの子どもに対して、子どもの個性や興味・関心を把握しながら子どもへのかかわり方や環境構成を工夫します。また近年、虐待が子どもの認知や発達に深刻な影響を与えることが明らかになってきています。場合によっては、他の専門機関とも連携して子どもを取り巻く環境をよいものにし、子どもが安心して過ごしていけるための努力をしていく必要があります。

6 遊び

▶ 遊びにおけるかかわり方の発達

パーテンとニューホールは、子ども同士の遊びの様子について整理し、以下のように示しています（表3-10）。

表3-10 パーテンによる遊びの分類

I	なにもしない	興味があれば見る程度。
II	ひとり遊び	他の子どもがいても、関係なく自分自身の遊びにのめりこんでいる状態。
III	傍観者行動	他の子どもの遊びを横で眺めている状態。時折遊んでいる子どもに話しかけたりなどするが、自分自身は遊びには加わらない状態。
IV	平行遊び	他の子どもと同じ場所で一緒に遊んでいるように見えるが、実際にはお互いに別々に遊んでいる状態。誰かが始めた遊びがいつの間にか広がっていくというような「遊びの伝染」と呼ばれる現象が見られたりする。
V	連合遊び	3〜4歳くらいまでの子どもに多く見られ、他の子どもとかかわりながら一緒に遊んでいる状態。やりとりがあり、玩具の貸し借りなども見られるが、役割分担や、リーダーシップなどはなく、みんなが同じ内容の遊びをしている。同じ遊びをしていても、子どもによってそれぞれ違うイメージで遊んでいる場合もある。
VI	協同遊び（組織的遊び）	5歳くらいの子どもに見られる。幼児期における"仲間遊びの完成形"といわれる。子ども同士がお互いに共通の目的やルールをもって遊んでいる状態。リーダー役がいたり、役割分担などの組織的な様子も集団の中で見られたりする。

新井邦二郎（編著）『図でわかる発達心理学』福村出版、1997年を筆者改変

▶ 心の発達による遊びの変化

ビューラーは心の機能の発達によって遊びを分類しました（表3-11）。

▶ ごっこ遊び

ごっこ遊びは、子どもの遊びの中で最も複雑なものの1つであり、「幼児期の遊びの頂点」ともいわれています。子どもの成長に伴い、言

表3-11　興味の変化による遊びの発達

構成遊び		1歳くらいから始まる。ブロック遊びや積み木、粘土細工、折り紙、砂遊び工作など、つくったり組み立てたりすること自体やその結果を楽しむ。
機能遊び		1歳くらいから始まり、2～4歳くらいでいったん減り、その後多くなる遊び。学童期になっても盛んである。身体的機能を使っての遊びで、使う機能の違いによって、以下の2つに分類される。
	感覚遊び	感覚遊び：音を聞いたり、物を触ったり口に持っていってなめたりする。感覚器官を使っての遊び。
	運動遊び	運動遊び：新聞紙を破る、ボールを蹴る、三輪車に乗るなど、運動機能の発達に応じた遊び。
受容遊び		絵本を読んだり、お話を聞いたり、テレビを見るなど受け取る側になって楽しむ遊び。1歳くらいから始まり、3歳くらいで盛んになり、それ以降はその内容も含めて本当に楽しめるようになる。
想像遊び（模倣遊び）		想像力が豊かになり、周りの環境を真似ることによって楽しむ遊び。2歳くらいから始まり、3～4歳に盛んに見られ、5歳くらいまで続く。

新井邦二郎（編著）『図でわかる発達心理学』福村出版、1997年を筆者改変

葉や認知、人間関係能力や情緒的発達など、さまざまな面での成長と密接に関連しています（表3-12）。

▶ひとり遊び

　ひとり遊びは、年少児に多く、年齢が上がるにつれて減っていくと考えられています。しかし、年長になってもひとり遊びの様子は見られます。年齢が上がっても、子どもの心の中で、想像力を膨らませながら、じっくりと遊んでいるのです。一方で、「気になる子」のひとり遊びにおいては、集団で生活している中、そのひとり遊びの内容や様子について、他の多くの子どもと違うことに保育者が気づきます。しかし、その中でも、まったく他人に関心がないわけではなく、時折興味を向ける様子を見せたりする場合があります。保育者は、そのようなタイミングを見逃さずに、他の子どもと同じような遊びを提示すると、徐々に関心を示していくようになる場合があります。

表3-12 子どもの「ごっこ遊び」の発達

I	象徴機能の獲得	1歳半くらいから見られるようになる。過去の見聞きした経験を「イメージ」として思い描けるようになったことを意味する。積み木を何か他のものに見立てて遊ぶなど、物事を他の物事に置き換えることができるようになる。
II	日常の流れの理解と再現	初期の「ごっこ遊び」は、現実の場面から離れて過去のことを再現したりするが、内容は単純で決まりきった日常の手順などが再現される。
III	「ごっこ遊び」の広がり	通常2歳半から3歳くらいになると、ごっこ遊びに流れや物語性が加わってくる。ただ過去を再現するだけではなく、役柄(お母さん役やペット役など)が与えられて、子どもみずから「ごっこ遊び」の世界を創造して展開するようになっていく。
IV	「ごっこ遊び」のメンバー同士の広がり	5歳くらいになると、さらに「ごっこ遊び」の世界観が広がり、参加者同士でイメージが共有できるようになっていく。他者の視点から自分を見る「モニタリング能力」も「ごっこ遊び」の中で必要となってくる。
V	自分のイメージを言葉で表現する力	相手に自分の役柄のイメージが伝わっていない場合は、伝わるように自分の行動を修正するなど、ストーリーの流れに合うように役割や状況をつくりだせるようになっていく。
VI	人の心を推察して理解する「心の理論」の獲得	「ごっこ遊び」をとおしてコミュニケーション能力などの社会性の発達が育っていくが、これらが大いに発展したものになっていくには、行動の背景には「心」というものがあって、自分と同様に相手にも「気持ち」や「意図」があって行動しているという「心の理論」を理解することが重要になってくる。

無藤隆・岡本祐子・大坪治彦(編)『よくわかる発達心理学』ミネルヴァ書房、2004年を筆者改変

▶ 遊べない子ども

　子どもは遊びをとおして学んでいき成長します。遊びは子どもの日常にとって欠かせないものです。遊ぶことはその環境に対して自分を表現することであり、自己主張することでもあります。発達的要因や家庭環境などの心理的要因など、何らかの要因があって安心感や信頼関係がもてない子どもは、自分の存在や居場所について安心感をもてず、不安な状況にいます。子どもが安心感や信頼感を抱くことができるかどうかが大切です。何が子どもを遊べない状況にさせているのは何か、ていねいに検討していく必要があります。

7 気になる子の指導案

【例：部分実習・時案】

3歳児ことり組	28名 (男児12名／女児16名)	大学	すみれ大学
期日	平成●年●月●日（●）	実習生名前	山川　さつき

立案の際参考となる子どもの姿	ねらい
・友達に親しみの気持ちをもち、一緒に遊ぼうとしたり、友達と同じ遊びをする楽しさを味わっている。 ・全身を使って思いきり遊ぶ様子が見られる。	・カエルになりきって、表現する楽しさを味わう。 ・ルールのある遊びを理解し、友達と一緒になって積極的に楽しむ。

活動設定の理由	中心となる活動
・友達と一緒に楽しむことをとおして、園での生活をさらに楽しいと感じてもらうため。 ・体を思いきり動かし、「できた」「なりきった」という満足感を感じてもらうため。	・カエルが池のいろいろな形の葉っぱを跳び回るような様子をイメージして、思い切り体を動かす面白さを味わう。 ・友達の様子を見ながら、友達同士でしっかりとお互いの動きを意識しながら楽しむ。

時間	環境構成	予想される子どもの活動	保育者の援助・留意点
11：00	（室内配置図：机、黒板、水道、タオル掛け、おもちゃ棚、ロッカー、絵本棚、A君コーナー、A君、実習生、補助） ○準備するもの ・絵本「ぴょーん！」	・それぞれ片づけをして、実習生の前に集まる。 ・手遊びをしながら、他の子どもを待つ。 ・さまざまなカエルの報告をする。 ・周りの子どもたちを見回し、不安そうな表情を見せるA君の姿がある。	・自由遊びの終了を伝え、トイレに行き、実習生の前に集まるように伝える。遊びに夢中になっていて気持ちを切り替えることが難しいA君は、集まることが難しい場合、補助の先生に声かけをしてもらいながら後ろのA君の過ごしやす場所から実習生の話を聞いてもらう。 ・全員がトイレをすませ実習生の前に集まるまで、手遊びをして待つようにする。 ・「みんな、おうちの近くでカエルさんを見かけたことある人？」と子どもたちに聞く。反応が返ってくる。 ※言葉の理解の苦手なA君や他の子どもたちに、これから読む絵本の表紙のカエルの絵を見せてイメージしてもらいやすくする。

Part 3 ●子どもの姿から指導案を考えよう●気になる子の保育

時間	環境構成	予想される子どもの活動	実習生の援助と配慮
			・カエルはどうやって動くか聞き、それぞれの反応が返ってくる。
		・絵本の展開に合わせて体を動かして楽しむ様子が見られる。	・絵本「ぴょーん！」を読む。
			・黒板に、これからの活動の内容や場所を順番に写真や絵で掲示し、次にカエルのうたを歌って、遊戯室でカエルになりきって遊ぶことを伝える。
		・「カエルのうた」を歌う。	
	(舞台・実・A君・備品倉庫の図)	・A君は耳をふさいで、下を向いてしまうかもしれない。	①⇒②⇒③
			・A君は大きな声や音が苦手な様子なので、補助の先生とA君の安心できる「A君コーナー」に移動してもらい、そこから様子を見てもらうようにする。
11：10	・あらかじめ、遊戯室に、画用紙でつくっておいた「まる」「さんかく」「しかく」を床に貼っておく。		※A君が楽しめる距離感で配慮する。
11：15		・遊戯室に移動する。	・遊戯室に到着したら、保育者が遊戯室にあらかじめ用意してある画用紙を葉っぱに、それ以外を池だと説明する。実習生がお手本を見せながら、池から落ちないようにジャンプして葉っぱに跳んで移動するように説明する。
		・思い思いに葉っぱから葉っぱにカエルになりきってジャンプする。	※少し離れて補助の先生と一緒に見ているA君の近くにも画用紙を置き、ジャンプして移動することを楽しんでもらう。
			・遊戯室に用意した、さまざまな形「まる」「しかく」「さんかく」を実習生が画用紙で見せながら説明をする。
	(しかく・実の子どもの図)	・周りを見ながら、実習生の提示した形の葉っぱに移動する。 ・A君も少し遅れて同じ形の葉っぱに移動する。	・実習生が提示した紙と同じ形の場所に動いてもらう。 ・池に落ちずに葉っぱに移動できたということで、みんなで拍手をして達成感を味わう。
11：30		・遊戯室から手洗い、うがいをして、教室に戻る。	・遊戯室を出て、手洗い、うがいをするよう伝える。

コラム 3　保護者とのかかわり方

　子どもがのびのびと遊びながら学べる環境を整えていくためには、保育者が保護者や家庭と信頼関係を築きながらかかわっていくことが大切であるといえます。その主な理由として、①子どもは、子ども自身と子どもを取り巻く環境（家庭環境や生活環境・経済状況など）との相互作用によって成長するので、保育の場のみならず家庭においても良い環境を整えていく必要があるため②保護者が他者からの援助が受けにくい状況や、子育てに関する体験や知識が少ない場合、保育者の経験からアドバイスや支援がしやすくなるため③保護者だけでは解決できない課題や健康問題などがある場合、保護者からSOSを出してもらいやすくするため、などがあげられます。

　保護者や家庭から保育者が信頼を得て、子どもの成長をともに見守っていけるような関係性をつくるためには、カウンセリングの技術を用いたかかわり方が有効であるといえます。具体的には、相手の状況をありのままに受け止めて話を聴く「傾聴」や、保育者が自分勝手な解釈をせずに、相手の立場になって状況を想像する「共感」などです。さまざまなタイプの保護者に対して、まずは保育者自身が冷静になり、しっかり腰を据えて保護者の話を受け止めます。そのうえで、保護者の置かれた状況を想像しながら、また保護者の言動の背景に何があるのかを想像しながら話を聴いてみると、問題の本質がみえてきたり、保護者の態度が変化したりすることがあります。このことをきっかけとして、保護者との間に信頼関係が生まれると、子どもにも良い影響がもたらされるのではないでしょうか。

引用・参考文献

■ Part1

小林育子・長島和代・権藤眞織・安齋智子『幼稚園・保育所・施設 実習ワーク』萌文書林、2006年。

小櫃智子・守巧・佐藤恵・飯塚朝子『幼稚園・保育所実習パーフェクトガイド』わかば社、2013年。

久富陽子（編著）『学びつづける保育者をめざす実習の本』萌文書林、2014年。

寳川雅子『保育・教育実習完全サポートブック』中央法規、2016年。

杉山佳菜子・榊原尉津子・大久保友加里「保育現場で求められる能力とその指導：学生自身による実習後の振り返りからの授業改善」『全国保育者養成協議会第55回研究大会研究発表論文集』p.139、2016年。

■ Part3

遠藤郁夫（監修）『保育保健2016』日本小児医事出版社、2016年。

巷野悟郎（編）『子どもの保健 第7版』診断と治療社、2017年。

堀浩樹・梶美保（編著）『保育を学ぶ人のための子どもの保健Ⅰ』建帛社、2014年。

大西文子（編著）『子どもの保健演習』中山書店、2015年。

遠城寺宗徳『遠城寺式・乳幼児分析的発達検査法：九州大学小児科改訂新装版』慶應義塾大学出版会、2009年。

川原佐公『発達がわかれば保育ができる！』ひかりのくに、2015年。

田中真介（監修）『発達がわかれば子どもが見える』ぎょうせい、2009年。

山崎知克（編著）『子どもの保健Ⅰ：心身の発達・健康と安全』建帛社、2013年。

岡本依子・菅野幸恵・塚田-城みちる『エピソードで学ぶ乳幼児の発達心理学：関係のなかでそだつ子どもたち』新曜社、2004年。

無藤隆・岡本祐子・大坪治彦（編）『よくわかる発達心理学』ミネルヴァ書房、2004年。

新井邦二郎（編著）『図でわかる発達心理学』福村出版、1997年。

村井憲男・村上由則・足立智昭（編著）『気になる子どもの保育と育児』福村出版、2001年。

本郷一夫『保育の場における「気になる」子どもの理解と対応』ブレーン出版、2006年。

無藤隆・神長美津子・柘植雅義・河村久『「気になる子」の保育と就学支援』東洋館出版社、2005年。

池田友美・郷間英世・川崎友絵・山崎千裕ほか「保育所における気になる子どもの特徴と保育上の問題に関する調査研究」『小児保健研究』66、pp.815-820、2007年。

川越奈津子・鈴木万喜子・郷間安美子・郷間英世「幼児期における『気になる子ども』の行動特徴」『特別支援教育臨床実践センター年報』7、pp.93-107、2017年。

資　料

幼稚園教育要領【目次】

前文
第1章　総則
　　第1　幼稚園教育の基本
　　第2　幼稚園教育において育みたい資質・能力及び「幼児期の終わりまでに育ってほしい姿」
　　第3　教育課程の役割と編成等
　　第4　指導計画の作成と幼児理解に基づいた評価
　　第5　特別な配慮を必要とする幼児への指導
　　第6　幼稚園運営上の留意事項
　　第7　教育課程に係る教育時間終了後等に行う教育活動など

第2章　ねらい及び内容
　　健康
　　人間関係
　　環境
　　言葉
　　表現

第3章　指導計画及び教育課程に係る教育時間の終了後等に行う教育活動などの留意事項
　　第1　指導計画の作成に当たっての留意事項
　　第2　教育課程に係る教育時間の終了後等に行う教育活動などの留意事項

■幼稚園教育要領 URL
http://www.mext.go.jp/component/a_menu/education/micro_detail/__icsFiles/afieldfile/2018/04/24/1384661_3_2.pdf

資　料

保育所保育指針【目次】

第1章　総則
1　保育所保育に関する基本原則
2　養護に関する基本的事項
3　保育の計画及び評価
4　幼児教育を行う施設として共有すべき事項

第2章　保育の内容
1　乳児保育に関わるねらい及び内容
2　1歳以上3歳未満児の保育に関わるねらい及び内容
3　3歳以上児の保育に関するねらい及び内容
4　保育の実施に関して留意すべき事項

第3章　健康及び安全
1　子どもの健康支援
2　食育の推進
3　環境及び衛生管理並びに安全管理
4　災害への備え

第4章　子育て支援
1　保育所における子育て支援に関する基本的事項
2　保育所を利用している保護者に対する子育て支援
3　地域の保護者等に対する子育て支援

第5章　職員の資質向上
1　職員の資質向上に関する基本的事項
2　施設長の責務
3　職員の研修等
4　研修の実施体制等

■保育所保育指針 URL

http://www.mhlw.go.jp/file/06-Seisakujouhou-11900000-Koyoukintoujidoukateikyoku/0000160000.pdf

幼保連携型認定こども園教育・保育要領【目次】

第1章　総則
　　第1　幼保連携型認定こども園における教育及び保育の基本及び目標等
　　第2　教育及び保育の内容並びに子育ての支援等に関する全体的な計画等
　　第3　幼保連携型認定こども園として特に配慮すべき事項

第2章　ねらい及び内容並びに配慮事項
　　第1　乳児期の園児の保育に関するねらい及び内容
　　第2　満1歳以上満3歳未満の園児の保育に関するねらい及び内容
　　第3　満3歳以上の園児の教育及び保育に関するねらい及び内容
　　第4　教育及び保育の実施に関する配慮事項

第3章　健康及び安全
　　第1　健康支援
　　第2　食育の推進
　　第3　環境及び衛生管理並びに安全管理
　　第4　災害への備え

第4章　子育ての支援
　　第1　子育ての支援全般に関わる事項
　　第2　幼保連携型認定こども園の園児の保護者に対する子育ての支援
　　第3　地域における子育て家庭の保護者等に対する支援

■幼保連携型認定こども園教育・保育要領 URL
https://www8.cao.go.jp/shoushi/kodomoen/pdf/kokujibun.pdf

資　料

全国保育士会倫理綱領

　すべての子どもは、豊かな愛情のなかで心身ともに健やかに育てられ、自ら伸びていく無限の可能性を持っています。
　私たちは、子どもが現在（いま）を幸せに生活し、未来（あす）を生きる力を育てる保育の仕事に誇りと責任をもって、自らの人間性と専門性の向上に努め、一人ひとりの子どもを心から尊重し、次のことを行います。
　　　私たちは、子どもの育ちを支えます。
　　　私たちは、保護者の子育てを支えます。
　　　私たちは、子どもと子育てにやさしい社会をつくります。

（子どもの最善の利益の尊重）
1．私たちは、一人ひとりの子どもの最善の利益を第一に考え、保育を通してその福祉を積極的に増進するよう努めます。

（子どもの発達保障）
2．私たちは、養護と教育が一体となった保育を通して、一人ひとりの子どもが心身ともに健康、安全で情緒の安定した生活ができる環境を用意し、生きる喜びと力を育むことを基本として、その健やかな育ちを支えます。

（保護者との協力）
3．私たちは、子どもと保護者のおかれた状況や意向を受けとめ、保護者とより良い協力関係を築きながら、子どもの育ちや子育てを支えます。

（プライバシーの保護）
4．私たちは、一人ひとりのプライバシーを保護するため、保育を通して知り得た個人の情報や秘密を守ります。

（チームワークと自己評価）
5．私たちは、職場におけるチームワークや、関係する他の専門機関との連携を大切にします。
　また、自らの行う保育について、常に子どもの視点に立って自己評価を行い、保育の質の向上を図ります。

（利用者の代弁）
6．私たちは、日々の保育や子育て支援の活動を通して子どものニーズを受けとめ、子どもの立場に立ってそれを代弁します。
　また、子育てをしているすべての保護者のニーズを受けとめ、それを代弁していくことも重要な役割と考え、行動します。

（地域の子育て支援）
7．私たちは、地域の人々や関係機関とともに子育てを支援し、そのネットワークにより、地域で子どもを育てる環境づくりに努めます。

（専門職としての責務）
8．私たちは、研修や自己研鑽を通して、常に自らの人間性と専門性の向上に努め、専門職としての責務を果たします。

　　　　　　　　　　　　　　　社会福祉法人　全国社会福祉協議会
　　　　　　　　　　　　　　　　　　　　　　全国保育協議会
　　　　　　　　　　　　　　　　　　　　　　全国保育士会

執筆者一覧

杉山 佳菜子(鈴鹿大学こども教育学部) ＊編者
　……Part 1　実習先でとまどうこと／コラム1／Part 2　春1・夏1・秋1・冬1／
　　Part 3　2歳児の保育・3歳児以降の保育

青木 信子(高田短期大学子ども学科)
　……Part 1　実習の心構え・実習までに準備すること・ステキな指導案の書き方4～6

小川 真由子(鈴鹿大学こども教育学部)
　……Part 2　春5・夏5・秋5・冬5／Part 3　0歳児の保育・1歳児の保育

榊原 尉津子(高田短期大学子ども学科)
　……Part 1　ステキな指導案の書き方1～3／Part 2　春3～4・夏3～4・秋3～4・
　　冬3～4／コラム2

髙橋 早紀子(修文大学短期大学部)
　……Part 2　春2・夏2・秋2・冬2／コラム2

菱田 博之(飯田女子短期大学幼児教育学科)
　……コラム3／Part 3　気になる子の保育

カバー・本文イラスト：かさいみずき

アイディア満載！　教育・保育実習サポートレシピ
——指導案・あそび・うたの実践のコツ

2018年6月10日　初版第1刷発行
2021年4月30日　　　第2刷発行

編　　者　　杉山佳菜子
発行者　　宮下基幸
発行所　　福村出版株式会社
〒113-0034　東京都文京区湯島2-14-11
電話　03-5812-9702　FAX　03-5812-9705
https://www.fukumura.co.jp
印刷　モリモト印刷株式会社
製本　協栄製本株式会社

©K. Sugiyama　2018
Printed in Japan
ISBN978-4-571-11044-3 C3037
日本音楽著作権協会（出）許諾第1804488-801号

定価はカバーに表示してあります。
乱丁・落丁本はお取替えいたします。

福村出版◆好評図書

柏女霊峰 監修／槇 英子・齊藤 崇・江津和也・桃枝智子 編著
**保育者の資質・能力を育む
保育所・施設・幼稚園実習指導**
◎2,000円　ISBN978-4-571-11045-0　C3037

保育所・施設・幼稚園実習を通して保育者の資質・能力を総合的に育み、学生主体の学びを促す実践的テキスト。

M. ロックシュタイン 著／小笠原道雄 監訳／木内陽一・松村納央子 訳
遊びが子どもを育てる
●フレーベルの〈幼稚園〉と〈教育遊具〉
◎2,500円　ISBN978-4-571-11034-4　C3037

幼児教育の礎を築いた教育家フレーベルの生涯と、彼の発明した遊具をカラーで紹介。付録・日本版読書案内。

七木田 敦・山根正夫 編著
発達が気になる子どもの行動が変わる！
**保育者のための
ABI（活動に根ざした介入）実践事例集**
◎1,800円　ISBN978-4-571-12129-6　C3037

発達障害が気になる子どもの行動に対する新しいアプローチ、ABI（活動に根ざした介入）の実践例を紹介。

橋本創一 他 編著
**知的・発達障害のある子のための
「インクルーシブ保育」実践プログラム**
●遊び活動から就学移行・療育支援まで
◎2,400円　ISBN978-4-571-12119-7　C3037

すぐに活用できる知的・発達障害児の保育事例集。集団保育から小学校の入学準備、療育支援まで扱っている。

小山 望・太田俊己・加藤和成・河合高鋭 編著
インクルーシブ保育っていいね
●一人ひとりが大切にされる保育をめざして
◎2,200円　ISBN978-4-571-12121-0　C3037

障がいのある・なしに関係なく、すべての子どものニーズに応えるインクルーシブ保育の考え方と実践を述べる。

中村みゆき 著
園生活がもっとたのしくなる！
クラスのみんなと育ち合う保育デザイン
●保育者の悩みを解決する発達支援のポイント
◎1,600円　ISBN978-4-571-12128-9　C3037

発達に偏りのある子が、園生活をたのしく過ごし、クラスのみんなと育ち合う保育デザインをわかりやすく解説。

小川英彦 編
ポケット判
**保育士・幼稚園教諭のための
障害児保育キーワード100**
◎2,000円　ISBN978-4-571-12131-9　C3037

法律・制度から日々の実践まで、障害児保育に必要な情報100項目を収録し、平易に解説したガイドブック。

◎価格は本体価格です。